NAVER 네이버 대표카페 지혜쌤 × 조은쌤

능력있는 선생님은 알림장도 다르다!!

알림장 쉽게쓰기

어린이집 & 유치원

조은쌤 박[illegible] 지음

알기 쉽게 정리한 **알림장 작성 노하우** 수록!

다양한 사례별 **알림장 작성 예시**!

조은쌤 **유튜브 무료 인강** 제공!

시작하며

안녕하세요! 조은쌤입니다.

영유아 보육 전문가이자 현재 숲 어린이집을 운영하고 있는 원장입니다. 만 0세부터 만 5세까지의 영유아들과 함께 지내며, 법적 기준을 준수하여 정기적으로 교직원 및 기관 대상의 교육과 컨설팅, 부모 교육, 영유아 놀이 지도(문제 행동 지도) 프로그램 등을 운영하고 있습니다. 벌써 15년째 어린이집을 운영을 하는 원장이지만 매일 매일이 새롭습니다.

매 새학기에 만나는 아이들과 학부모의 분위기나 관계도 매년 다른 것 같습니다. 또한 현장에서 벌어지는 예상치 못한 변수에 대처하는 일 역시 쉽지 않습니다. 그럼에도 불구하고 아이들에 대한 진심과 사명감으로 어린이집을 지키고 있습니다. 이 글을 읽고 계실 선생님들도 같은 마음이 아닐까 생각해 봅니다.

어린이집/유치원 혹은 기관과 부모, 교사의 신뢰 관계로부터 출발한다고 생각합니다.

그 관계를 견고하게 형성하는데에 사용되는 방법 중 가장 활용도가 높은 것이 알림장이 아닐까요? 말 한마디, 눈빛 하나로도 서로의 진심을 이해할 수 있지만, 사실 바쁘게 인사를 나누고 채비를 해야 하는 등,하원 시간에 아이가 보낸 하루 일과를 일일이 주고 받을 수는 없습니다. 교실에서는 또 아이들이 선생님을 기다리고 있으니까요.

얼핏 보기엔 매일 비슷한 일과 같지만 그 안에서 아이들이 성장하는 과정을 해석하고 의미를 전달할 필요가 있기도 합니다. 그래서 영유아를 교육하는 기관에서는 알림장을 통해 소통을 합니다. 일주일에 한번 정도 담백하게 본론만 전하면 참 쉬울 텐데, 요즘은 알림장이 경쟁 요소로 작용하기도 하는 듯 합니다. 인사말부터 어떻게 하면 더 잘 쓸 수 있는지 고민을 하는 선생님들이 많이 계시는 것 같습니다.

알림장을 통해 글로 소통을 하는 과정이 언젠가부터 골칫거리가 되어 있지는 않은가요?

예쁘고 그럴싸한 말들로 알림장을 잘 쓰는 것도 좋지만 우리는 영유아 보육/교육을 하는 전문가로서 체계적이고 정보력이 있는 알림장을 쓰는 것에 주안점을 두어야 할 것입니다. 저는 이 책을 통하여, 현장에서 자주 접하게 되는 다양한 사례를 함께 살펴보려고 합니다. 아이들과 함께 하다 보면 생기는 여러 가지 에피소드를 풀어내며 보다 쉽고 전문성 있게 전달하는 방법을 알려드리겠습니다. 1분 1초가 너무나 바쁜 선생님들의 귀한 시간이 조금이나마 단축되기를 바랍니다.

연일 터져 나오는 어린이집의 부정적인 사건, 편견, 부당한 대우, 열악한 처우에도 불구하고 현장에서 아이들을 위해 헌신하고 노력하시는 선생님들께 이 책이 도움이 되기를 바랍니다.

화장실 한번 제대로 가지 못하고, 편하게 점심 한끼 먹는 것도 힘든 선생님들. 그래도 언제나 밝고 따뜻한 모습으로 아이들을 최우선으로 여기며 사랑과 관심으로 보듬어 주셔서 감사합니다.

대한민국의 새싹들이 잘 자라날 수 있도록 자리매김해주시는 선생님들께 응원의 말씀 전하며 글을 마칩니다.

저자 **조은쌤 박조은**

차 례

알림장 작성 전 알아 두세요!

알림장 작성시 기억해야 할 것

1. 알림장 작성과 관련된 우리 반 만의 특색, 분위기, 기준을 만들어 주세요.

2. 알림장은 수다를 나누는 공간이 아니에요.

3. 알림장에도 흐름이 있어야 합니다.

4. 하고 싶은 말보다 읽고 싶은 내용을 우선으로 합니다.

5. 맞춤법, 띄어쓰기 등은 기본, 불필요한 표현은 자제합니다.

6. 우리는 사진작가가 아닌걸요.

상황별 알림장 예시

부모의 궁금증을 한방에 해결! 알림장으로 교사의 전문성을 보여주세요!

스마트 알림장 매뉴얼과 다양한 활용 방법

조은쌤's 알림장 피드백

조은쌤's 부모 대응 예시

공지 사항 작성 예시

평가제와 알림장

1. 평가제 지표에서 체크하는 부분

2. 평가제 전 알림장으로 전달해야 할 사항

3. 평가제와 관련해 주의해 주세요.

키즈노트 자신감 UPGRADE! 조은쌤's TIP

1. 연간 행사와 관련된 멋진 인사말

어린이집
유치원
알림장
쉽게쓰기

알림장 작성 전 알아 두세요!

어린이집/유치원에서는 매일 기관에서 보내는 영유아의 일과 및 건강, 정서 상태, 흥미를 보였던 놀이, 행사 참여, 낮잠이나 배변상태 등을 바쁜 어린이집/유치원 일과 중 시간을 내어 알림장을 작성하고 부모에게 전달합니다. 영아반은 보통 매일 작성을 하는 기관이 많은 편이며 유아반의 경우, 기관에 따라 다르겠지만 매일은 아니더라도 1~2주에 1회 등 주기적으로 보내는 경우가 많습니다.

어린이집/유치원과 가정에서 영유아가 어떻게 생활했는지 소통을 하는 중요한 도구인 알림장, 우선 가장 기본이 되는 것은 알림장 에티켓입니다. 소중한 아이를 보육하는 교사와 아이를 믿고 맡기는 부모간의 관계에서 최소한의 예의를 지켜나가는 것이야 말로 바람직한 관계의 시작이 될 것입니다.

에티켓을 잘 활용하기 위해 부모가 지켜야 하는 기준 뿐만 아니라 교사의 알림장 작성과 관련된 기관의 명확한 기준이 필요합니다. 학기 초, 입소 시에는 부모의 알림장 에티켓 내용에 대한 전달이 이루어지면 좋겠습니다. 또한 교사교육 등을 통해 기관에서 알림장을 작성하는 기준에 대해 통일성 있게 체계적으로 전달하는 것 역시 중요합니다.

- **한 기관에서 반별로 너무 상이하게 알림장이 작성되면 호불호가 생기며 반 운영에 대한 부모의 민원이 발생할 수 있습니다.**

1 기관과 교사, 부모 관계의 첫걸음

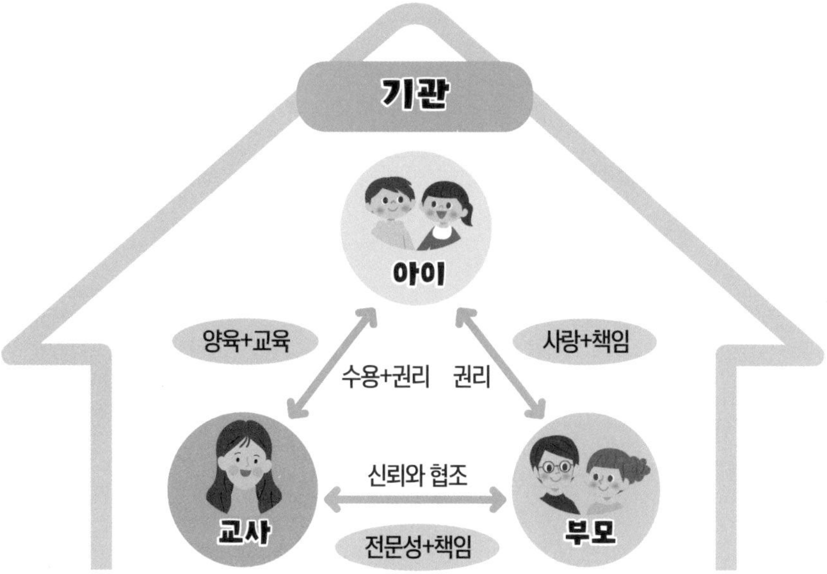

위의 그림과 같이 기관과 교사, 부모는 밀접한 관계를 형성하고 있습니다. 기관과 기관에 소속된 교사, 기관의 서비스를 제공받는 부모, 세 종류의 구성원은 아이를 매개로 하여금 이해관계를 만들어 나가게 됩니다.

원장은 기관을 운영하는 주체로서 어린이집/유치원에서 일어나는 모든 과정에 대해 책임을 가지고 임하게 됩니다. 기관 단위의 운영 방침이나 지자체 공문의 전달, 공지 사항 등을 전달하는 역할을 합니다.

담임교사는 연령별 원아를 맡아 보육을 하고, 원아의 일과, 반의 운영 내용, 전달 사항 등을 전하게 됩니다. 가정과의 소통, 관계가 매우 중요하기에 평소 긴밀한 소통이 이루어지는 것이 중요합니다.

기관 차원에서 전달하는 원의 방침, 운영 규정에 대해 담임 교사는 숙지하고, 기관에 소속된 교사로서 일관된 자세를 유지합니다. 전체 원아에게 공지했으나, 간혹 놓치는 부모가 있을 수 있으므로 담임교사는 제공한 정보에 대한 우리반 학부모의 숙지 여부도 확인합니다. 알림장은 단순히 우리 반과 아이에 대한 내용만 소통만 하는 수단이 아닙니다. 어린이집/유치원 전체 공지 사항 등으로 전달하는 내용을 교사가 잘 이해하고 부모에게 설명할 수 있어야 하며, 부모 역시 의문점 없이 잘 이해하고 있는지 확인하는 과정은 기관과 부모와의 관계를 탄탄히 하는데에 긍정적인 도움을 줄 수 있을 것입니다.

그렇다면 어린이집/유치원에서 각 가정에 기본적으로 전달해야 할 사항은 무엇일까요? 어떻게 하면 담임교사가 바쁜 보육업무에서 실수 없이 아이들에게 집중할 수 있을까요?

1. 기관 차원의 전달 사항

알림장은 교사가 반별 운영 과정 및 원아의 개인적인 내용을 전달하는 기능뿐만 아니라 기관 단위의 운영 방침이나 지자체 공문의 전달, 공지 사항 등을 전달하는 역할도 함께 합니다. 운영과 관련된 내용은 기관을 이용하는 모든 교사, 원아, 학부모에게 공통으로 적용되는 사항으로 항상 빠르고 정확해야 하며 모두에게 전달이 되어야 합니다.

사후에 늑장 대응을 하는 것보다는 항상 사전에 전달하는 것이 중요합니다. 또한 전달하는 내용에 있어서 중립을 지키며 기관은 교사와 부모를 함께 존중하고 어느 한쪽에 치우치지 않는 모습을 유지해야 합니다. 이에 앞서 학부모가 기관을 이용하며 지켜야 할 에티켓을 전달하는 것이 첫 단추를 잘 꿰는데에 유익한 도움이 될 것입니다. 아래의 내용은 어린이집/유치원을 이용하는 학부모의 에티켓에 관련된 배부자료를 알림장과 연계하여 내용을 보완한 것입니다. 어린이집/유치원 상황에 맞게 수정하여 사용하시기 좋을 것입니다.

어린이집/유치원 이용 에티켓

출처 : 서울시여성가족재단 어린이집/유치원 이용 에티켓_부모용

등원 시간은 지켜주세요. 부모님이 먼저 규칙과 약속을 지키는 모습을 보여주세요. 부모님은 아이의 거울입니다.

이렇게 설명해 주세요!

아이들이 등원을 하는 시간은 교사들이 차량을 지도하거나 통합 보육을 하는 시간이므로 알림장의 확인이 늦거나 답변을 달지 못할 수 있습니다. 구두로 전달하는 경우에도 전달 과정에 착오, 누락이 있을 수 있으므로 교사에게 부탁하는 사항이 있다면 반드시 키즈노트에 남겨주시기 바랍니다.

등원을 하지 못하는 경우에는 키즈노트를 통해 결석의 사유를 전달해 주시기 바랍니다. 코로나로 인한 인정결석이 해제 되며 한달 내 출석일수가 11일 이상이 되지 않을 경우, 자부담금이 발생할 수 있습니다. 별도의 연락 없이 결석을 하는 경우에는 무단 결석으로 간주될 수 있음을 사전에 양해 부탁드리겠습니다.

아이들만의 소통 방법이 있답니다. 어른의 시각으로 아이들의 세상을 바라보지 말고 아이들이 소중히 하는 걸 인정해 주세요.

이렇게 설명해 주세요!

아이들은 사소한 것에도 의미를 두어 소중히 여기곤 합니다. 부모님과 선생님이 아이가 소중히 여기는 것을 알아차려 주고, 같이 공감해 준다면 얼마나 행복해 할까요? 아이의 마음을 잘 헤아려 줄 수 있도록 가정에서 있었던 특별한 일이나 대화 내용을 키즈노트에 전달해 주세요. 아이들과 진심과 애정이 가득한 관계가 될 수 있을 것입니다.

선생님에 대한 부모님의 말과 행동은 아이가 선생님을 신뢰하는데 영향을 주고, 타인을 대하는 태도에도 영향을 준답니다. 한 번 더 생각하고 말씀해주세요.

이렇게 설명해 주세요!

부모님! 우리 아이들은 부모님을 보며 자랍니다. 순수하고 맑은 영혼의 우리 아이들이 부모님의 멋진 모습, 예쁜 말 한마디를 배울 수 있도록 항상 어린이집/유치원과 교사를 존중하고 이해하는 모습을 보여주세요. 저희 교직원 역시 소중한 아이를 믿고 맡겨주신 부모님께 존중과 감사의 마음을 표현하겠습니다! 아침에 만나 반갑게 인사하고, 오후에 헤어지며 감사한 마음을 표현하는 모습을 보여주었으면 좋겠습니다.

우리 아이가 투약이 필요한 경우 1회분만 따로 챙겨서 보내주세요. 연령에 따라 복용하는양이 다르므로 혹시나 모를 실수를 최소화하기 위함입니다.

이렇게 설명해 주세요!

오전 약 같은 경우에는 가정에서 아침 식사 후 투약해 주시기 바랍니다. 투약은 아이들 건강과 관련하여 매우 중요한 사항이므로 놀이 시간이 시작되기 전 최소한 10시 이전까지는 투약의뢰서를 꼭 보내주시기 바랍니다.

투약의뢰서에는 원아의 증상과 투약 의뢰 내용, 보호자의 서명을 꼭 작성해 주셔야 투약이 가능합니다.

우리 아이에 대한 질문은 가급적 어린이집/유치원 근무시간에 부탁드립니다. 힘들게 일하시는 선생님이 푹 쉬고 내일을 준비할 수 있게 배려해주세요.

이렇게 설명해 주세요!

담임교사의 근무 시간은 09시~18시까지입니다. 일과 중 수시로 확인하기는 어렵지만 본 보육일과 시작 전, 낮잠 시간 등 알림장의 내용을 확인할 수 있으니 어린이집/유치원 근무 시간 내에 전달해 주시기 바랍니다. 18시 이후 긴급한 내용으로 전달해야 할 사항이 있다면 어린이집/유치원 핸드폰으로 문자 남겨주시면 원장님께서 연락을 주실 것입니다.

저녁 늦게 아이들을 데려가실 때 아이와 선생님의 안전도 생각해주세요. 등·하원 시 인수인계는 약속된 사람과 정확하게 이루어져야 합니다. '이번만'하는 생각이 되돌릴 수 없는 결과를 초래할 수 있습니다.

이렇게 설명해 주세요!

하원 시 인계하는 분이 부모님이 아닐 경우, 혹은 귀가 동의서에 작성된 분이 아닌 경우 어린이집/유치원에서는 하원을 시키지 않습니다. 간혹 이 부분과 관련하여 소통이 되지 않거나 오해가 생길 수 있으므로 인계자가 아닌 친척이나 조부모님이 방문하여 하원을 할 경우, 꼭 사전에 직접 전달하여 주시기 바랍니다.

어린이집/유치원은 부모님들에게 언제나 개방된 공간이지만 아이들의 보육에 방해가 되지 않는지 한 번 더 생각해 주세요.

이렇게 설명해 주세요!

우리 친구들이 어린이집/유치원에서 어떻게 생활하는지 궁금하기도 하고 보고싶으실 것 같습니다. 학기초에 안내해 드렸던 바와 같이 어린이집/유치원은 상시 개방을 하고 있습니다. 원하시는 경우, 원장님과 상의 하신 후 각 반의 일정에 맞추어 방문 계획을 하시기 바랍니다. 우리 아이들의 즐겁고 행복한 원 생활을 위해 적극 협조해 주시기 바랍니다.

아이에게 부모님의 생각에 맞춰 다그치며 묻는 것 보다 아이에 대한 의문점은 선생님에게 물어봐 주시면 어떨까요?

➩ 이렇게 설명해 주세요!

기관에서의 생활을 물어보았을 때 아이들은 정확하게 표현하기 어려울 수 있습니다. 반복되는 질문 혹은 질문하는 분위기에 따라 답변이 달라지기도 합니다. 아이가 기관에서 어떻게 지내는지, 어려워 하는 부분이 있다면 담임교사와 소통을 통해 바람직한 지원을 계획하는 것이 좋습니다. 아이와 관련된 문의 사항 혹은 요청 사항이 있다면 알림장 혹은 유선 상담을 통해 상의해 주세요.

전염성 질환은 건강상태에 따라 어떤 아이에게는 위험 할 수 있어요. 전염병이 의심스럽다면 병원진단 후 등원여부를 결정해주세요.

➩ 이렇게 설명해 주세요!

지난주 안내해 드렸던 내용과 같이 우리 기관에서도 전염성이 있는 00질환이 유행하는 것으로 보여집니다. 유사 증상이 있다면 등원 전 병원을 방문하시어 감염여부를 파악해 기관에 알려주세요. 적절한 휴식은 건강 관리에 도움이 됩니다. 컨디션이 좋지 않거나 힘들어 하는 경우에는 전염성이 있는 질환에 감염된 것이 아니라도 가정 보육을 실시하여 빠른 회복을 도와주시기 바랍니다. 전염성이 있는 질환에 감염된 원아가 있을 경우 원 공지 및 반별 안내를 통해 빠르게 전달해 드리도록 하겠습니다.

내 아이가 소중한 만큼 남의 아이도 소중하다는 걸 기억해주세요. 다른 사람의 입장을 헤아릴 줄 아는 모습을 보여주세요.

➩ 이렇게 설명해 주세요!

우리 아이가 함께 지내는 또래에게도 관심을 보여주세요. 또래와 함께 지내는 생활에 어려움이 있는 경우 부모님께서 전달해 주시는 내용을 고려하여 아이들이 보다 편안하게 일과를 보낼 수 있도록 지원하겠습니다. 차별 없이 아이들을 아끼고 소중히 여기는 마음으로 대하겠습니다. 항상 배려해 주시고, 관심을 표현해 주시는 부모님들께 감사의 마음 전합니다.

가끔은 과도한 관심이 상대방에게 불신으로 오해될 수 있습니다. 선생님을 믿음으로 바라봐 주세요.

이렇게 설명해 주세요!

일대 다수의 보육을 하는 현장에서는 예기치 못한 일들이 벌어질 수 있습니다. 부모님의 입장에서는 아쉽고 서운한 마음이 들 수 있습니다. 하지만 항상 현장에서 아이들을 위해 애쓰고 노력하시는 교사의 마음을 이해해 주시기를 부탁드립니다. 걱정이 되는 내용은 교사에게 전달해 주시되 항상 응원하는 마음을 함께 표현해 주세요. 작은 말 한마디에도 힘이 나는 교사들입니다. 신뢰가 깊은 부모와의 관계를 통해 아이들은 편안하고 안정된 일과를 보낼 수 있을 것입니다.

아이들의 집중시간은 매우 짧아요. 부모님과 아이의 갑작스런 등원은 친구들의 집중에 방해가 된다는 걸 기억해 주세요.

이렇게 설명해 주세요!

기관의 보육시간, 놀이 시간을 고려하여 등원 지도를 해주시기 바랍니다. 다수가 함께 하는 기관에서는 정해진 시간에 따라 운영을 하게 됩니다. 개인적인 일정으로 부득이 하게 등원 시간이 늦어지는 경우에는 사전에 안내해 주시면 교사가 상황에 대해 계획을 한 후 개별적으로 배려할 수 있도록 하겠습니다.

2. 어린이집/유치원 알림장 에티켓 전달 예시

위의 내용을 그대로 활용해도 좋겠지만, 사실 딱딱해 보일 수 있습니다. 새롭게 관계를 시작하는 시점에서 작은 오해로 서운한 마음이 생길 수 있기도 합니다. 조금 더 부모의 입장을 헤아려 설명의 글을 첨부한다면, 보다 쉽게 이해와 협조를 구할 수 있습니다. 알림장으로 원활할 소통을 할 수 있도록 기본 에티켓을 어떻게 전달하면 좋을지, 실제 예시를 한번 더 구체적으로 살펴보겠습니다.

영유아 안전 관리 및 키즈노트 전달 시간

아이들의 건강, 컨디션 등에 대한 사항은 등원 전에 전달해 주세요. 등원 맞이 이후 본격적으로 보육이 시작되는 시간은 9시 30분~10시 사이입니다. 아이들의 오전 간식 지도 및 통합 보육, 각 반에서의 놀이가 시작되며 시간에는 담임교사가 키즈노트의 내용을 정확히 파악하는데에 어려움이 있을 수 있습니다. 보육시간에는 핸드폰의 사용을 자제하고 있으므로 등원 전 키즈노트로 간략히 아이의 건강, 컨디션, 정서 등의 기본 사항을 전달해 주시기 바랍니다. 이를 통해 담임교사는 아이에 대한 배려를 할 수 있고, 아이 역시 보다 편안하게 일과를 시작할 수 있습니다.

◦ 등원 이후, 바로 보육을 시작하게 되어 키즈노트를 일일이 살펴보기 어렵습니다. 영유아는 자신의 건강 상태를 정확히 표현하기 어려울 뿐만 아니라, 면역력이 약하고, 쉽게 다치기도 합니다. 무엇보다 중요한 건강과 안전을 위해 부모에게 키즈노트는 수시로 확인을 하기 어려우니 반드시 등원 전(일과 시작 전) 파악할 수 있도록 협조해 달라는 요청을 전달해야 합니다.

투약의뢰서 작성 방법과 관련 수칙

투약의뢰서를 작성할 때에는 투약 이유, 투약 내용과 방법, 시간, 서명을 정확히 기재해 주시고, 반드시 10시 이전에 작성해 주시기 바랍니다. 증상이 가볍더라도 다수가 함께 지내는 공간인 만큼 건강 관리에 유의해 주십시오. 각 반의 교사는 투약의뢰서 확인 후, 절차에 맞게 투약을 실행하고 확인서를 작성합니다. 10시 이후 작성한 투약의뢰의 경우 확인이 늦거나 누락되어 정확한 투약이 어려울 수 있음을 양해 바랍니다. 부득이한 사정으로 늦게 작성하게 된다면 반드시 원으로 한번 더 확인 전화를 해주시기 바랍니다.

◦ 투약을 하는 과정은 정확하게 이루어져야 합니다. 투약을 의뢰하는 부모와 투약을 실행하는 교사에게 정확한 기관의 기준이 있어야 실수를 최대한 줄일 수 있습니다. 투약의뢰서를 작성하는 방법이나 시간 등을 우리 기관의 기준에 맞게 안내해 주세요. 그리고 일과 중 투약의뢰를 하는 경우, 교사가 인지하기 어려울 수 있으니 이 점은 꼭 당부해야 하겠습니다.

영유아 결석의 경우 지켜야 할 약속

어린이집/유치원에 등원하지 않을 경우, 반드시 사유를 담임교사에게 전달해 주셔야 합니다. 어린이집/유치원은 아동학대를 예방하고, 관리해야 하는 책임의 의무가 있습니다. 별다른 연락 없이 무단 결석을 하게 되는 경우, 가정 방문이 이루어질 수 있습니다. 담임교사 혹은 사무실에 결석 사유를 전달해 주시기 바랍니다.

◦ 교사는 아동학대 신고의무자로서 원아의 결석 사유를 당일 확인하고, 무단으로(연락없이) 결석하게 되는 경우, 반드시 사유를 확인하여 적절한 조치를 취해야 합니다. 이 부분에 대해 간혹 부모가 잘 인지하지 못하여 결석을 하고도 연락을 하지 않는 경우가 있어 되려 교사나 기관에 피해가 있을 수 있으니 정확한 전달을 해주시기 바랍니다!

교사와 학부모간의 소통의 방법 안내

어린이집/유치원 운영 및 반 일과에 대해 건의 사항이나 궁금한 점이 있을 경우, 사전에 상담 일정을 조율하여 정해진 시간 안에 소통할 수 있기를 바랍니다. 어린이집/유치원의 영유아를 보육하는 담임교사는 학부모님과의 유선 통화도 모두 계획하여 일과에 무리가 가지 않는 선에서 운영하는 것이 원칙입니다. 급한 용무인 경우, 원장님께 전달 부탁드립니다.

◦ 수시로 기관에 전화하는 학부모가 있기도 합니다. 교사의 부모 응대는 우선순위라고 보기 어렵습니다. 보육하는 영유아의 건강 및 안전 관리, 일과 지도, 놀이 지원 등을 최우선으로 하기 위해 부모에게 교사의 업무 과정과 가능 여부 등을 안내해 주시기 바랍니다. 이러한 내용은 학기를 시작할 때, 그리고 정기적으로 전달해 주셔야 학부모들이 점차 이해하고 협조하기 시작합니다.

기관 이용 시 협조해야 할 사항

어린이집/유치원 행사 및 보육활동의 준비물은 매월 마지막 주 행사 계획안 혹은 월간 계획안을 통해 전달됩니다. 준비 사항을 꼼꼼히 체크해 주시어, 누락이 없도록 협조해 주시기 바랍니다. 다양한 놀이와 활동을 통해 유익한 배움을 가질 수 있는 어린이집/유치원이 되고자 노력하겠습니다.

◦ 기관마다 운영 방식, 전달 및 소통을 하는 체계가 다를 수 있습니다. 우리 기관에 대한 시스템을 사전에 전달해 주시는 것은 정말 중요합니다.

◦ 학기 초, 혹은 중간 입소시에 위의 사항을 잘 전달하여 기관과 부모, 교사의 관계를 안정적으로 형성할 수 있는 첫단계가 되기를 바랍니다. 위의 사항은 기본적인 사항이지만 보육 서비스를 이용하는 부모에게는 생소한 내용일 수 있습니다. 안내 사항과 함께 간략한 부연 설명을 작성하여 오해 없이 수용할 수 있도록 하는 것이 중요하겠습니다.

kidsnote [키즈노트] 스마트 알림장을 사용한다면?

키즈노트를 사용한다면 부모에게 에티켓의 내용을 편리하게 전달할 수 있습니다.

키즈노트 에티켓 캠페인

학부모가 작성한 알림장, 투약의뢰서, 댓글을 업무시간에 확인할 수 있도록 학부모에게 예약 전송을 제안하는 내용입니다. 학부모도 거부감 없이 교사의 업무시간과 사생활을 보호할 수 있도록 자연스럽게 권유하고 있습니다.

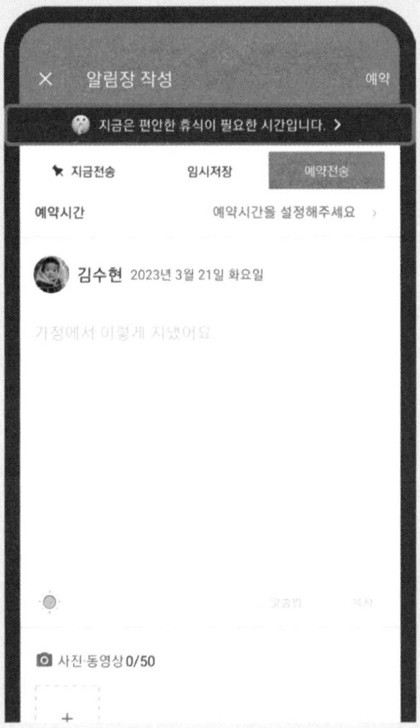

자동응답 설정 기능 활용

원 설정 ⇨ 업무시간 자동응답 설정 기능을 활용해 답변이 늦어질 수 있는 업무 시간에는 학부모에게 자동응답 메시지가 표시되도록 설정할 수 있습니다.

키즈노트에서는 학부모에게 에티켓 캠페인에 대해 상세히 안내하고 있어요. 오리엔테이션 등을 통해 에티켓에 대해 안내해 주시고, 입소 시 아래의 내용을 전달해 주시면 업무에 보다 집중할 수 있을 거예요.

에티켓 시간 안내

교사와 학부모의 편리하고 서로 존중하는 소통을 위해 에티켓 시간에 알림장, 투약의뢰서 작성을 하게 되는 경우, 자동으로 예약전송 모드가 선택됩니다.

깜빡하고 에티켓 시간 내에 지금전송을 누르더라도 에티켓 캠페인 팝업이 노출되어 에티켓 시간임을 안내한다고 합니다. 선생님들께서는 퇴근 이후, 주말에는 알림장을 확인하고 댓글을 남겨야 하나 고민하실 일이 많이 줄어들 거라 생각합니다!

에티켓 시간 댓글 작성

에티켓 시간에는 알림장 댓글, 앨범 댓글, 공지사항 댓글 작성 시에도 에티켓 캠페인 안내 배너가 노출되며 댓글의 예약전송 시간대가 에티켓 시간에 포함될 경우 에티켓 캠페인 팝업이 나타나 시간 재설정 버튼을 눌러 예약 시간을 변경할 수 있습니다.

2 읽는 이와 쓰는 이의 입장 차이를 해소하는 방법

매일 빠듯하게 시간을 내어 알림장을 작성하는 선생님들, 오늘은 어떻게 인사말을 하며 시작하시나요? 어떤 내용을 전달하고 싶으신가요? 아니, 전달할 내용은 있으신가요?

그렇다면 매일 목이 빠질 듯 알림장을 기다리는 학부모는 어떤 내용을 기대하고 있는 걸까요? 평소 시간보다 약간만 늦으면 "언제 키즈노트 보내주시나요?" 하고 물어보는 학부모들. 생각해 보면 매일 비슷한 일과이고, 특별할 것이 없는 놀이거나 반응인데, 매일 보는 아이의 얼굴 사진, 놀이 사진을 기다립니다. 반면 매달 비슷한 행사와 견학, 놀이를 생동감 있게, 그럴듯하게 작성하는 것이 너무나 힘들다는 선생님들. 쓰는 사람과 읽는 사람의 입장 차이를 정리해 볼 필요가 있겠습니다.

1. 알림장을 쓰는 선생님

담임교사는 어린이집/유치원에 등원하는 시점부터 하원할 때 까지 영유아의 건강과 안전관리 즐겁고 행복한 일상과 놀이 지원 등을 하게 됩니다. 아직 어린 영유아의 경우, 자신의 생각이나 의견을 정확하게 표현하는데에 어려움이 있으므로 담임교사는 기관에서 부모의 역할을 대신하여 양육과 교육을 함께 지원합니다.

어린이집/유치원에서 일어나는 모든일에 대해 알림장으로 전달할 수는 없지만 보통 아이들의 정서적인 상태뿐만 아니라 놀이를 통해 경험하는 교육적인 부분, 또래와 교사와의 관계, 기관의 생활에 대한 반응 및 적응 과정, 건강 및 컨디션 등에 대해 매일 혹은 2~3일, 일주일에 1회 정도 부모에게 전달하는 것이 바람직합니다. 그렇다면 위의 사항을 전달할 때 어떤 식의 입장을 취하는 것이 좋을지 알아볼까요?

영유아의 정서를 공감하고 이해하는 지원자

교사는 지원자입니다. 아이가 굳이 말로 표현하지 않아도, 언어적인 소통이 어려워도 아이의 마음을 알아차리고 적절히 대응할 수 있어야 합니다. 양육 과정에서 간혹 감정적으로 대하기도 하는 부모와는 다르게 항상 일관적이고 안정적으로 아이들을 지원하는 역할을 하는 것이 필요합니다. 부모가 영유아의 불안한 모습, 거부하는 모습등을 보며 기관에 염려하는 마음으로 보냈다면 먼저 아이의 정서적인 부분에 대해 귀띔해 주시는 건 어떨까요? 배려 깊고, 아이를 안정적으로 보육하고 있는 모습에 부모는 안심하고 신뢰하게 될 것입니다.

어머님 안녕하세요? 햇살반 교사입니다.

오늘 우리 민지가 등원을 하며 주춤하는 모습에 걱정이 되시는 것 같아, 잠시 시간을 내어 민지의 모습을 전달 드려요. 다행히 들어오는 길에 어제 재미있게 놀이했던 인형 놀이를 떠올리며 기분이 편안해진 듯했답니다. 민지가 들어서는 모습을 보고 친한 친구들이 달려와 같이 놀자고 하니, 미소를 짓고 "내일은 안 울고 올 수 있어요."하고 이야기를 한 후 친구들과 놀이를 하러 갔답니다. 지금은 훨씬 밝은 표정으로 친구들과 이야기를 나누고 있어요.

민지가 지난 번 아픈 이후로 등원을 할 때에 한번씩 힘들어 하거나 속상해 하는 모습을 보여 많이 염려 되시지요? 그래도 원에서는 점차 나아지며 예전처럼 밝은 모습을 찾아가고 있으니, 걱정 마세요! 혹시라도 민지가 어린이집/유치원에서 불편했던 일이 있었다고 표현한다면 제게도 말씀해 주세요. 먼저 마음을 알아차리고 다가가는 따뜻한 선생님이 되고 싶답니다.^^ 그럼 즐겁게 남은 일과 마무리 하고 하원하겠습니다. 하원할 때에 응원과 격려의 말씀으로 우리 민지를 다독여 주세요.^^ 감사합니다!

◦ **매일 일정한 시간에 알림장을 전송하기 마련이지만, 아이가 연일 불안해 하거나 부모 역시 걱정하는 모습을 드러내어 보일 때, 따로 시간을 내어 오전 일과에 대한 피드백을 해주시는 것이 도움이 될 수 있습니다(물론 매일은 아닙니다.) 평소보다 좀 더 신경써 주는 듯한 교사의 알림장에 아이의 모습과 교사의 대응과정을 보고 안심할 수 있고, 부모에 대한 배려 등을 느끼게 될 것입니다. 또한, 걱정만 하던 모습에서 더 나아가 교사에게 협조적인 태도를 보이며 아이가 기관에 대해 긍정적으로 인식할 수 있도록 노력할 수 있을 것입니다. 마음은 꺼내어 보이지 않는 이상 알기 어려울 때가 많습니다. 교사가 아이를 아끼고 사랑하는 마음, 그리고 아이에 대해 최선을 다하고자 노력하는 마음을 드러내어 보여주세요. 어린이집/유치원에서 혹시 불안해 하고 있지 않을까, 소외되고 있는 건 아닐까 염려하지 않도록 센스를 발휘해 주세요!**

전문가로서의 언어 표현

교사의 사전적 의미를 살펴보면 일반적으로 국가에서 정한 법령에 따라 자격증을 갖추고 학생에게 국가에서 지정한(자격증의 대상) 과목, 종목의 교육 이수의 과정에서 이끌어 주거나, 도움을 주거나, 설명을 하는 사람을 의미합니다(출처 : 위키백과).

아빠, 엄마와는 확연히 다르다고 볼 수 있습니다. 아이가 자라는 과정에 대해 가르침을 줄 수 있는 국가에서 인정한 자격을 갖춘 사람, 즉 전문가이기 때문입니다. 전문가라는 말 왠지 부담이 되시나요? 아이를 대하는 마음, 보육과 교육에 대한 소신만 있으시다면 충분하다고 생각합니다.

보통 교육기관에서는 알림장, 유선통화, 정기적인 대면 상담을 통해 부모와 소통을 하게 됩니다. 그 중에서도 알림장은 글을 수단으로 하여 기관에서의 아이에 대한 내용을 전하고, 또 부모로부터 아이에 대한 정보를 소통하는 도구입니다.. 부모는 단순히 보이는 것에 대해서, 요청하는 사항에 대해서 편하게 기록하더라도 전문가인 교사는 조금 더 유의하여 표현을 사용할 필요가 있다고 생각합니다. 아이들에 대한 내용을 글로 전달하는 것은 참 의미가 크기 때문이지요. 시간이 지나도 남아있는 글이기도 하고, 글쓴이 즉 교사가 전하고자 하는 말이 잘 전달되기도 하지만 때로는 오해를 불러일으키기도 할 수 있거든요. 언어 표현을 어떻게 하면 좋을지 함께 살펴볼까요?

? 짜증을 많이 내고 소리를 질렀어요.

! 오늘 놀이를 하며 중간 중간 마음이 불편했는지, 속상해 하는 모습을 보이기도 하고 큰 소리로 화를 내는 모습이 보였어요. OO이의 생각을 나타내는 것은 중요하고 꼭 필요한 일이지만, 어떻게 전해야 잘 전달이 되는지 알려주고, 모델링을 통해 OO이가 본인의 생각을 표현할 수 있도록 보여주고, 또 그림책을 보면서도 함께 이야기 나누어 보았습니다.

◦ 아이가 일과 혹은 놀이 중 보였던 반응을 그대로 전달하는 것이 나쁘다는 것은 아닙니다. 하지만 어떠한 상황에서 보여진 반응이었는지, 교사는 전문가(지원자)로서 어떻게 지원을 하고 도움을 주었는지 등에 대한 부연 설명이 있는 것이 바람직합니다.

? 친구를 깨물고 때려서 힘들었어요.

! 친구와 블록 놀이를 하다가 OO이가 가지고 놀던 블록을 친구가 만지려고 하니, 친구의 손목을 깨무는 모습을 보여 상황에 빠르게 대처한 후, 선생님과 OO이, 친구와 조용히 이야기를 나누어 보았어요. OO이의 속상한 마음을 인정하고 공감해 주니, OO이도 자신이 한 행동에 대해 한번 더 생각하는 모습을 보였답니다.

◦ 알림장의 주체는 아이가 되어야 합니다. 교사의 감정을 드러내어 상황을 표현하는 것은 권장하지 않습니다. 또한 상황, 사건이 발생한 경우 과정에 대한 설명은 항상 함께 전달 되는 것이 필요합니다. 반복될 수 있는 상황에 가정에서도 함께 미리 대처하고 지도할 수 있도록 부모에게도 모델링이 되어 주시는 것이 필요합니다.

? 오늘은 많이 징징 거리고, 선생님만 쫓아다녔어요.

! 평소보다 컨디션이 좋지 않아 보여, 곁에서 많이 살펴보고 OO이의 기분을 물어보며 안정을 취할 수 있도록 도와주었습니다. 놀이 중간에 속상한 일이 있으면 간혹 울음으로 표현하기도 하였지만 선생님이 토닥여 주거나 달래주면 편안한 모습을 보이기도 하네요. 오늘은 선생님을 많이 찾고 옆에 있어 하고 싶어해서 최대한 가까이에서 일과를 보낼 수 있도록 살펴보았습니다.

◦ 단어의 표현에 따라 간혹 오해가 생기기도 합니다. 일반적으로 편하게 사용하는 단어라 하더라도 글을 통해 보게 되면 다른 마음이 들기도 합니다. 특히 부정적인 모습, 불안한 모습을 보였을 경우에는 상황에 대해 자세히 전하며 교사의 대응, 도움을 기록해 주시고, 감정이 완화된 상황까지 함께 기록해 주시는 것이 좋겠습니다.

? 하던 놀이가 마음대로 되지 않자 놀잇감을 집어던지고 펄쩍 뛰어다녀요.

!

OO이가 원하는 흐름으로 놀이가 이루어지지 않아 속이 상했던 것 같아요. 놀이에 집중할 수 있도록 자리를 다시 잡아주고, 하나씩 천천히 해볼 수 있게 선생님이 옆에서 도움을 주었더니 이내 진정되어 다시 집중하는 모습을 보였답니다. 아이가 감정적으로 흥분한 상태였을 때에는 진정할 수 있도록 기다려 주고 스스로 감정을 조절할 수 있는 방법을 알려주는 것이 도움이 됩니다.

◦ 아이의 행동에 대한 분석 또한 부모와는 다름을 보여줄 수 있습니다. 아이의 행동 결과에 대한 단순한 전달 보다는 하던 놀이에 대해 부모는 관찰하지 못했던 것도 교사는 알고 이유를 찾아 적절히 해결해 나가는 과정을 기록해 주시는 것이 전문성을 드러내는 데에 훨씬 효과적입니다.

? 교실에서 뛰거나 높은 곳에 올라가서 놀이하는 모습이 많아요.

!

OO이가 요즘에 신체 운동이 활발해 졌어요! 보통 이시기의 친구들은 자신의 몸을 사용하여 높은 곳에 올라가고 크게 움직임을 보이기 시작합니다. 이 과정에서 자기효능감을 느끼기도 합니다. 하지만 기관에서는 안전에 대해서도 유의해야 하는 부분이어서 함께 지도하고 있으니, 가정에서도 살펴봐 주세요.

◦ 아이의 행동에 대해 이르듯이 전달하는 것은 좋지 않습니다. 아이의 모습에 대해 전달할 때에 현재 어떤 발달의 단계에서 보여지는 행동인지, 그 이유에 대해 함께 간략히 기록해 주시는 것도 도움이 됩니다. 물론 위험할 수 있지만 이러한 행동의 단점만 어필하기 보다는 획득할 수 있는 다양한 능력, 태도 등에 대해서 전달해 주세요. 무조건 '안된다' 하는 교사 보다는 필요한 지원은 놀이로 해소하는 교사로서의 모습이 좋습니다.

? 친구들이 하는 놀잇감을 흐트러뜨리며 재미있다고 웃어요.

! 아직은 나를 위주로, 나의 감정, 내가 하는 것에 대해서 주로 인식을 하는 시기이므로 친구(또래)의 마음에 대해 헤아리는 것이 어려울 수 있습니다. 우리 OO이는 친구들이 블록놀이를 하는 것에 관심을 보이면서도 블록이 흐트러지거나 무너지는 과정이 재미있는 것 같아요. 내가 재미있어도 친구가 속상할 수 있음을 이야기 해주고 있답니다. 가정에서도 서로 배려하는 모습을 보여주신다면 조금씩 관계에 대해 이해할 수 있을 거라 생각합니다.

◦ 아이의 문제 행동은 특히 부모에게 전달하기 어렵습니다. 가급적 직접 대면하여 상의를 하거나, 유선 통화를 통해 소통을 하는 것이 바람직하지만 그것이 어려울 경우 알림장을 통해서도 전달할 수 있습니다. 그럴 때에는 아이의 행동의 원인으로 보여지는 것부터 찾아봐 주시고 아이의 입장을 먼저 고려해 주세요. 그리고 가정에서 함께 해 주었으면 하는 지원의 내용도 기록해 주시면 훨씬 도움이 될 것입니다.

? 밥을 먹지 않고 돌아다니네요.

! 영유아기의 식사 습관의 형성은 성인이 되어서까지 영향을 미칠 수 있습니다. 식사에 집중하는 습관을 들일 수 있도록 항상 관심가져 주시고, 격려해 주시기 바랍니다. 식사를 하는 과정에 긍정적으로 인식하고 즐거운 식사를 하는 것이 건강한 생활의 기초가 됩니다.

◦ 아이의 특정 행동에 대해 전달할 때 물론 모두 세세히 다 기록할 수는 없습니다. 하지만 부정적으로만 판단하는 것처럼 여겨질 수 있으니, 교사가 이 부분에 대해 중요하다고 여기는 교육적인 이유를 함께 기록하셔서 설득력을 높이시는 것도 좋은 방법입니다.

? 오늘 어제보다 더 많은 퍼즐 조각놀이를 하는데 다 맞추지 못해 속상해 했어요.

! 준수가 퍼즐 놀이에 관심을 보이기 시작합니다. 전체와 구분을 구분하고 조각을 맞추어 퍼즐을 완성하는 횟수도 늘어났습니다. 오늘은 10조각이나 되는 퍼즐에 관심을 보이는 준수입니다. 교사가 도와주지 않아도 스스로 해결하려는 모습이 보여졌습니다. 비록 끝까지 완성하지는 못하였지만 과정에 의미를 두어 준수를 격려하니 다시 시도하는 모습도 보입니다. 준수가 자신감 있게 놀이에 참여할 수 있도록 가정에서도 격려해 주세요.

◦ 아이의 놀이 과정 안에서 발전해 나가는 모습을 발견해 전달해 주세요. 결과가 아니라 과정을 보고 도움을 주는 교사의 모습과 스스로 시도하는 교육 과정에서 성장하는 아이의 모습이 전달되는 것이 필요합니다.

? 가위질도 이제 제법 잘하는걸요.

! 가위 놀이는 소근육 발달 뿐 아니라 눈과 손의 협응력 발달에도 도움이 됩니다. 아직은 삐뚤빼뚤하게 자르기는 하지만 가위를 사용하는 힘도 좋아지고 오리는 부분도 많이 정확해 지기 시작했습니다. 평소 소근육을 활용한 놀이를 자주 경험할 수 있도록 도와주시면 우리 서진이가 좋아하는 가위 놀이가 더욱 익숙해 지고 완성도도 높아질 것 같습니다. 서진이의 수준에 적합한 가위를 제공해 주시고 단계별로 오리기 자료를 지원해 주시는 것도 좋겠습니다.

◦ 단순히 현재 보이는 수준에 대한 칭찬 보다는 단계별 발달 과정을 이야기 해주시며 덧붙이는 말로 가정에서 함께 지원하면 좋을 만한 방법을 안내해주세요. 자연스럽게 가정과 기관의 연계가 이루어질 수 있고, 아이에게도 도움이 됩니다.

? 무슨 말을 하고 싶은 것 같은데 알 수가 없어요.

! 아직은 구체적으로 자신의 마음이나 생각을 표현하기 어려울 수 있습니다. 표현을 하려는 마음을 먼저 공감해 주시고 바람직한 표현을 자주 들려주세요. 엄마의 말을 따라하도록 하기 보다는 아이의 말 이후에 자연스럽게 들려주시는 것이 도움이 됩니다. 오늘 한새는 작은 목소리로 "나도 하고 싶어" 라고 이야기를 했어요. 자신의 마음을 표현하려는 과정을 칭찬해 주며 "우리 한새도 같이 하고 싶었구나!" 하고 이야기를 해주니 미소를 지으며 놀이에 참여하는 모습이 보였습니다.

◦ 교사가 모든 것을 다 알수는 없습니다. 하지만 '그러려니', '그렇겠지'하고 아이의 감정을 판단하는 것이 아니라 아이의 속마음을 알고자 노력하는 모습을 보여주세요. 또한 그 과정에서 아이의 반응(미세한 변화 등) 에 대해서 함께 전달해 주시는 것도 좋습니다.

요청할 것은 정확히 요구 한다.

어린이집/유치원에서 아이들을 보다 보면 많은 유형의 부모님들을 만나게 됩니다. 같은 상황이라 할지라도 다른 반응을 보이기 마련입니다. 교사는 아이뿐만 아니라 부모에 대해서도 잘 알아야 합니다. 각 유형을 잘 파악하고 상대에 맞게 전달하는 것도 필요해요. 일일이 다르게 대응하기도 어려운 것이 현실이겠지만, 그래도 지피지기면 백전백승이란 말을 기억하고 부모를 먼저 파악해 주세요!

어찌 되었건 이번 파트의 주제는 교사로서 아이의 어린이집/유치원 생활을 위해 필요한 바는 학부모에게 정확히 요구할 수 있어야 한다는 것입니다.

? 간식 그릇과 점심 식판은 따로 보내주세요.

! 간식 그릇과 식판 등은 아이들이 스스로 꺼내어 보고 정리할 수 있도록 지도하고 있습니다. 가방에서 꺼내어 바로 사용할 수 있도록 간식 그릇과 점심 식판은 따로 가방이나 비닐팩 등에 담아 보내주시면 아이들이 스스로 사용하는데에 도움이 됩니다.

? 개인적으로 섭취를 원하는 간식은 보내지 말아주세요.

! 기관에서는 정해진 시간에 식사를 진행하며, 식단대로 제공을 하는 것이 원칙입니다. 개인적으로 원하는 간식이 있을 수 있지만 시간적인 어려움도 있을 수 있고 같은 반의 친구들이 함께 먹고 싶어하기도 합니다. 기관에서 제공하는 식단을 충분히 제공하겠습니다. 가정에서 원하는 간식은 가급적 가정에서 제공해 주시기 바랍니다.

? 투약의뢰서를 늦게 작성하셔서 투약하지 못했습니다.

! 투약의뢰서는 보육활동이 시작되기 전에 확인이 되어야 정확한 보관과 투약이 가능합니다.
바쁘시더라도 10시 이전에 투약의뢰서를 작성해 주시고, 부득이하게 늦어지는 경우에는 담임교사가 확인하기 어려울 수 있으니 유선상으로 한번 더 전달해 주세요.

? 준비물이 준비되지 않아서 아이가 속상해 했습니다.

! 내일은 OO행사가 계획되어 있습니다. 가정에서는 아이들이 사용할 준비물을 확인해 보내주시기 바랍니다. 즐거운 놀이가 진행될 수 있도록 기관에서도 잘 준비하겠습니다.

? 개인 서류가 아직 확인되지 않았어요. 다음 주까지 보내주세요.

! 부모만족도 조사서를 보내드렸습니다. 기관에서 학부모의 의견을 반영하여 하반기 운영 계획을 수립하고자 합니다. 바쁘시겠지만 O일까지 보내주시기 바랍니다.

? 일과 중에 수시로 전화하시면 아이들 보육에 지장이 있습니다.

! 아이들의 일과 시간에는 부모님과의 유선 상담이 어려울 수 있습니다. 보육활동 및 안전관리에 집중할 수 있도록 일반적인 내용의 전달은 가급적 알림장을 통해 기록해 주시기 바랍니다. 긴급한 내용의 경우 사무실로 전달해 주시면 담임교사가 확인할 수 있습니다. 평소 통화가 가능한 시간은 13시-15시, 17시 이후입니다.

'죄송합니다' 보다는 '보완하겠다'가 좋아요.

정신없이 일과를 보내다 보면 가끔 실수를 할 수 있습니다. 의도치 않은 교사의 실수로 문제가 생겼을 때, 무조건 고개를 숙이고 사과를 하기 보다는 상황에 대해 정확히 전달해 주시고 앞으로 어떻게 대응을 할지, 부족한 부분에 대한 구체적인 계획을 알려주세요.

굳이 사과부터 들어야겠다고 생각하는 부모님도 있을 수 있겠지만, 실수가 계속 반복되지 않는 모습이 더욱 신뢰를 쌓는데 도움이 될 것 입니다.

"애 본 공이 없다"라는 말 많이 들어보셨나요? 현장에 계시면서 더 실감하실 것 같습니다. 아이들을 사랑하는 마음 하나로 어려운 일 마다않고 애쓰고 있는 와중에 있었던 작은 실수가 예기치 않게 문제가 되기도 합니다. 하나의 실수가 일파만파 퍼지기도 하고 좋았던 부모와의 관계를 틀어지게 만들기도 합니다.

어린이집/유치원에서 교사의 실수로 인해 어떠한 사건이 있을 때, 어떻게 하면 좋을까요? 어떤 사고나 문제 없이 완벽한 하루를 마무리 하면 더없이 좋겠지만, 그렇지 못한 날도 있으니 너무 상심하지 마세요! 반복해서 말씀 드리지만 그럴 때 일수록 상황을 정확하게 안내하고 반복되지 않도록 노력하는 모습을 보여주는 것이 중요합니다. 백마디 말보다는 한 번의 변화된 모습으로 부모에게 신뢰를 얻는 것이 현명한 방법입니다.

아이의 물건이 바뀌어 갔을 때

이런 경우에는?	이렇게 바꿔볼게요!
어머님! ㅠㅠ 제가 오늘 실수로 수찬이와 친구 00이의 식판과 숟가락통을 바꾸어 보냈어요. 죄송합니다!! 내일 보내주시면 제가 잘 챙겨 보내겠습니다. 죄송해요~!	어머님, 오늘 수찬이가 식판과 숟가락통을 정리하는 과정에서 제가 다른 친구의 가방에 넣었던 것 같아요. 하원 전에 미처 살펴보지 못해 전달드립니다. 친구의 가정에도 상황을 전달하였습니다. 오늘 수찬이 가방에 들어 있던 친구의 식판과 숟가락통을 세척해 보내주시면 감사하겠습니다. 우리 친구들이 자신의 물건을 정리할 때에 자신의 사물함, 가방을 잘 확인하고 정리할 수 있도록 잘 알려주고 하원 전에 한번 더 확인하고 보내드리겠습니다.

◦ **실수가 있었을 때, 교사가 어떤 상황이었는지 부모는 알 수가 없습니다. 핑계를 대는 것이 아니라 그 상황에 대해 간단히 전달해 주시면 이해를 하는데에 도움이 됩니다. 전달만 해주셔도 부모가 '그런 상황이었구나'하고 대응할 수 있습니다. 또한 부모에게 더불어 부탁해야 할 사항이 있다면 함께 전달해 주시는 것도 도움이 됩니다.**

아이의 물건을 보내지 않았을 때

이런 경우에는?	이렇게 바꿔볼게요!
어머님, 제가 물컵을 또 빠뜨렸네요.^^;; 죄송합니다! 잘 씻어두고 내일 사용하고 보낼게요~ 죄송해요!	어머님, 오늘 윤우의 물컵을 빠뜨리고 보내지 못하였습니다. 하원 전에 물을 마시고 싶다고 하여 한번 더 마시고 정리하는 과정에서 실수가 있었습니다. 기관에서 세척한 후 소독하여 내일 사용할 수 있도록 하겠습니다. 아이들의 물건을 사용하고 가정에 잘 보내드릴 수 있도록 살펴보겠습니다. 감사합니다.

◦ 대부분의 실수는 큰 문제가 되지 않습니다. 하지만 반복되면 '아이들 관리를 어떻게 하는 거지?, 매번 실수가 있어 불안해'하고 생각하게 되기도 합니다. 아이들이 먹는 것은 특히 민감해 질 수 있는 사항이므로 문제에 대해 기관에서 어떻게 대처할 것인지에 대해서도 함께 안내해 주시는 것이 좋겠습니다.

투약을 하지 않았거나, 문제가 있었을 때(우선 유선으로 전달합니다.)

이런 경우에는?	이렇게 바꿔볼게요!
어머님! 통화가 안 되어서 키즈노트를 보냅니다. 오늘 친구들과 놀이를 하다가 제가 실수로 깜빡하고 투약시간을 놓쳐버렸어요. 죄송해서 어쩌지요? 전화 부탁드려요! 죄송합니다.	어머님, 투약과 관련하여 전달드리려고 했는데 통화연결이 되지 않아 키즈노트로 우선 전달드립니다. 오늘 승헌이의 약 보관 방법이 냉장 보관이었는데, 아이들과 일과를 보내며 확인을 늦게 하는 바람에 11시까지 실온에서 보관을 하여 연락드렸습니다. 확인하시면 전화 부탁드리겠습니다. 앞으로는 보관 방법에 대해 더 정확하고 빠르게 확인하도록 하겠습니다. 일과 시작 후에는 확인이 어려울 수 있어 특히 냉장 보관 약인 경우에는 등원 시에도 한번 더 구두로 전달 부탁드립니다!

◦ 투약은 언제나 유의해야 하는 사항입니다. 또한 투약 실수와 관련해서는 평가제 시 감점의 대상이 됩니다. 민감하게 반응할 수 있는 내용이니, 반드시 유선으로 직접 전달을 하는 것이 좋습니다만 부모의 사정으로 즉각 통화가 어려울 경우에는 상황에 대한 설명 후, 부모의 의견에 따라 투약을 결정해 따르셔야 문제가 되지 않습니다. 반복되지 않도록 부모가 지켜야 할 약속을 한번 더 안내하는 것도 좋겠습니다.

행사 시 준비물 내용 등을 사전에 전달하지 못했을 때

이런 경우에는?

오늘 생일파티였는데, 우리 00이만 선물을 가지고 오지 않았어요.

제가 미리 말씀 드렸어야 하는데, 죄송합니다! 어머님 행사 계획안 보시면 매주 행사가 있으니 확인 부탁드려요. 우리 00이가 선물 주고 싶어해요. 내일까지 선물 보내주세요~!

이렇게 바꿔볼게요!

오늘 생일파티가 예정되어 있었는데 행사계획안 내용 외에 별도로 전달을 드리지 않아 선물을 준비하지 못한 가정이 있었습니다. 가정에서는 행사 계획안을 참고하시어 준비물을 사전에 준비해 주시기 바랍니다. 원에서도 행사 전날, 한번 더 공지할 수 있도록 하겠습니다. 준비를 못한 가정에서는 주중에 준비가 되는 대로 기관에 보내주시면 잘 전달하도록 하겠습니다. 감사합니다.

- 기관에서 월초에 보육과정 등의 운영 안내를 하여도 준비물 등을 숙지하지 못하고 빠뜨리는 가정이 있을 수 있습니다. 번거롭더라도 알림장을 통해 이번 주 안내를 해주시는 것을 습관화 해주시는 것이 좋을 수 있습니다. 가정에 당부 사항을 전하는 것과 동시에 기관에서 이에 대한 대응 계획도 함께 전해 주시면 누락되는 일이 점차 줄어들게 될 것입니다.

그 밖에 새로운 사례를 원하는 경우, 출간 이벤트 내용을 참고해 요청해 주세요!

2. 알림장을 읽는 부모의 입장

읽는 사람의 상황과 이해 수준을 고려하여 작성하는 것이 중요합니다. 굳이 어려운 단어를 사용하거나 복잡하게 표현하는 것보다는 다양한 방법을 활용해 간결하고 정확하게 안내하는 것이 더욱 효과적입니다. 다음은 교사의 전달력을 향상할 수 있는 방법을 살펴보려고 합니다.

교사의 입장	부모의 입장
'우리 반 아이들이 자고 나면 알림장 써야지, 시간이 너무 없어...'	'왜 아직도 알림장이 안 오지? 아이들 낮잠 잘 때 쓰는거 아닌가?'
'우리 반 친구들이 오늘 블록 놀이를 재미있게 했으니까 블록 놀이 적어야겠다.'	'우리 새미도 블록 놀이를 했다고? 집에서는 안 하는데.. 다른 친구 알림장 아니야?'
'평균적으로 낮잠을 1시간 정도 자니까...'	'새미는 10분만 더 자도 저녁에 늦게 자는데, 선생님이 정확하게 적어준 거 맞아?'
'회의까지 있어서 오늘은 전체 알림장 써야겠다.'	'또 전체 알림장이야? 매일 보내는 것도 복사해서 붙여 넣는 것 같은데...'
'오늘은 아이들이랑 많이 놀고 이야기 하다 보니 사진이 없네...'	'어머, 나는 매일 사진만 기다리고 있는데 달랑 2장이네? 그것도 똑같은 표정...?'

- **물론 위의 예시는 많이 비약을 한 것입니다. 대부분의 학부모는 긍정적이고 호의적입니다(그렇지요?). 하지만 교사와 부모는 입장이 다르다는 것을 항상 기억해야 합니다. 나의 아이만을 보는 학부모는 내 아이를 위주로 생각하고 행동하게 되는 것이 어쩌면 당연한 것이니까요. 교사로서 아이 한명이 아닌 반 전체를 책임지고 운영해야 함을 전달해주세요. 반 운영의 상황에 대해서는 항상 사전에 안내하고 이해와 협조의 관계를 만들어 나간 후, 개개인의 학부모와의 소통에도 주의를 기울인다면 최고의 담임교사로 한발짝 더 나아갈 수 있을 것입니다!**

3 전달력 up!! 담임 교사의 알림장에 힘을 싣는 방법

알림장은 소통을 하는 도구이지요. 평가제 지표에서도 기관과 가정의 소통을 중요하게 생각합니다. 소통을 하는 수단 중 하나인지 확인을 하기도 합니다.

아이들 마다 성향과 기질, 성격이 다른 것처럼 학부모에게 전달하고자 하는 내용이 있을 때 같은 내용이라 하더라도 부모마다 다르게 이해하거나 예상치 못한 반응을 보이기도 합니다. 전문가로서 너무 딱딱하게 전달하는 건 아닌지, 친근함을 강조해 좋은 이야기만 전하는 건 아닌지, 전달하고자 하는 내용을 명확하지 않게 두서없이 작성하고 있는 건 아닌지 한번쯤 살펴볼 필요가 있겠습니다.

그렇다면 전달해야 할 내용을 어떻게 전하는 것이 효과적인지 간단한 기준과 함께 예시를 보겠습니다.

1. 간결한 전달

장황하게 긴 글보다는 간결하고 이해가 바로 되는 문장이 좋습니다.

간혹 알림장을 예쁘게 쓰려고, 인사말만 길게 쓰는 선생님도 계시고, 혹은 명확한 전달 없이 구구절절 상황을 설명하느라 글이 늘어질 때가 있어요.

이런 경우, 오히려 잘 전달도 되지 않을뿐더러, '그래서 핵심이 뭐지?'하며 소통이 되지 않을 수 있습니다. 상황에 대한 자세한 안내도 좋지만 글을 읽는 내내 고개를 갸우뚱 하지 않도록 간결하게 정리해 보내주세요.

이런 경우에는?	이렇게 바꿔볼게요!
>장황한 글 어머님, 오늘 우리 00이가 놀이를 하다가 옷이 젖어서 갈아입히려는데 여벌옷이 없어서 친구의 옷을 빌려 입었어요. 00이가 워낙 물감 놀이를 좋아하기도 하고 활발하게 움직이다 보니 옷을 버릴 때가 많아요. 내일은 여벌옷 한 벌 보내주시고, 친구 옷은 빨아서 보내주세요.	>간결하게 전달해 주세요! 《전달 사항》 매주 월요일에는 여벌옷 1벌을 준비해 보내주세요. 아이들이 일과를 보내며 옷이 지저분해 지거나 젖을 경우 갈아입도록 하겠습니다. 여벌옷을 입고 간 날에는 다시 준비해 새로 보내주세요.

- **전달해야 하는 내용은 여벌옷이 없어서 친구의 옷을 입었다는 사실과 여벌옷 준비가 잘 되지 않으면 일과 운영에 어려움이 있을 수 있다는 내용입니다. 상황에 대한 전달도 좋지만, 학부모가 정확하게 파악할 수 있게 정리해 전달해 주세요.**

2. 넘버링

이런 경우에는?	이렇게 바꿔볼게요!
>줄글 내일은 우리 친구들과 눈 놀이를 하려고 합니다. 눈을 만지고 놀이하다 보면 손이 시려울 수 있으니 꼭 장갑을 착용해 보내주세요. 장갑 안쪽에 이름을 써 주시면 잃어버리지 않고 잘 챙겨 갈 수 있을 것 같습니다. 바깥 놀이를 원치 않으시면 오전에 말씀해 주세요.	>넘버링을 하면 더 좋아요! 겨울철 바깥 놀이와 관련해 전달합니다. 1. 매일 준비물 : 방한화, 장갑, 목도리 등 2. 모든 물건에 이름을 꼭 기입합니다. 3. 바깥 놀이 미참여 시 10시까지 키즈노트 전달

◦ 줄글로 쓰게 되면 이해하기 쉬울 수 있지만 명확하게 전달되기는 어려울 수 있습니다. 편안한 글도 좋지만, 정확하게 전달하여 부모가 모두 동일하게 지켜야 하는 내용이라면 전달 사항의 중요도를 기준으로 숫자를 붙여 하나씩 정확하게 전달해 주세요.

3. 중요한 것 ⇨ 세부사항

? 순서 없이 작성

!

오늘은 친구들과 함께 놀이를 하며 다양한 이야기를 해 보았습니다. 가족 사진을 보내주셔서 아이들이 자신의 가족에 대해 소개해 보기도 하고 가족을 흉내내어 놀이해보기도 하였습니다. 다음 주에도 놀이를 연계하여 운영하려고 합니다. 가족의 물건, 소품을 보내주세요.

? 주요 사항 ⇨ 세부 사항

!

이번 달 놀이 주제는 나와 가족입니다. 아이들의 흥미와 반응을 반영하여 우리 친구들에게 유익한 도움을 줄 수 있도록 다음 주에는 이번 주 주제와 연계하여 가족의 물건을 활용한 놀이를 하려고 합니다.

※ 준비물 : 가족의 물건

예) 엄마 가방, 아빠 셔츠, 동생 옷 등(성역할에 고정관념이 생기지 않도록 유의해 주시기 바랍니다.)

◦ 놀이에 대해 전달하고 다음 주 계획에 대해서도 안내하는 것은 좋은 알림장의 내용입니다. 하지만 중요한 사항부터 세부적인 내용의 순서로 적어주시면 보는 이가 더 잘 이해하고 협조할 수 있습니다.

4. 마지막에 강조하기

? 강조에 대한 표현 없이 전달

!

오늘 00반 친구들은 교실에서 풍선인형으로 가족 놀이를 즐겨 하는 모습이었어요. 중간 중간 다툼이 있기도 했지만, 블록으로 집을 만들어서 그 안에서 놀이를 하기도 하고, 친구를 초대해 생일파티도 하는 등 재미있는 놀이가 이루어졌답니다.

? 마지막에 강조

!

오늘 00반 친구들은 교실에서 풍선인형으로 가족 놀이를 즐겨 하는 모습이었어요. 블록으로 집을 만들어서 그 안에서 놀이를 하기도 하고, 친구를 초대해 생일파티도 하는 등 재미있는 놀이가 이루어졌답니다.

놀이를 하다가 친구의 놀잇감을 뺏거나 망가뜨리는 경우, 소리를 지르거나 울면서 놀이가 중단되는 경우가 있었어요. 가정에서도 함께 놀이할 때 배려하는 모습을 배워나갈 수 있도록 함께 지도해 주세요.

◦ 전달해야 하는 사항이 있을 경우, 알림장의 내용중에 언급하고 말 것이 아니라 다시 한번 정리해서 전달하시는 것이 좋습니다. 알림장의 후반부에 가정에서 연계하여 지도해야 하는 사항 등은 한번 더 기록해 주세요.

5. 문의 사항에 대해 정리하여 공지하기

일상에 대한 전달이 아니라 학부모가 놓치지 않고 숙지해야 할 사항이라면, 문의 사항이 잦은 내용이라면 주기적으로 정리해 전달해 주시면 좋습니다. 훨씬 전달이 잘 되고, 부모의 입장에서도 준비 사항, 유의 사항 등을 이해하기가 쉽습니다.

소풍 예시

이런 경우에는?

내일은 00대공원에 소풍을 갑니다. 우리 친구들이 일찍 자고 일어나 어린이집/유치원에 늦지 않게 도착할 수 있도록 지도해 주세요.

아침에는 간식을 생략할 수 있어요. 간식 그릇은 꼭 보내지 않으셔도 됩니다.

이렇게 바꿔볼게요!

《소풍 안내 드립니다》

1. 소풍 장소 : 00 대공원

2. 출발 시각 : 10시 정각

- 9시 40분까지 등원 필수
- 9시 30분 이후 등원 원아는 간식 생략

3. 준비물 : 원복 착용 , 목걸이형 물통

행사 안내

이런 경우에는?

내일은 부모 참여 숲놀이가 진행됩니다.

사전에 안내해 드린 가정통신문을 참고해 주시기 바랍니다. 혹시 등원이 늦어지거나 참여가 어려운 가정에서는 9시 이전에 전달해 주시기 바랍니다.

이렇게 바꿔볼게요!

《부모 참여 숲놀이 관련 안내》

1. 숲놀이 장소 : 00 뒷산

2. 행사 시간 : 10시~13시

3. 준비물 : 원복 착용, 점심 및 돗자리 등

4. 미참여 시 09시 이전에 전달 필수

기타 사항은 가정통신문을 참고 하시기 바랍니다.

상담 안내

이런 경우에는?

다음 주는 학부모 상담 기간입니다. 설문 조사지를 작성한 가정에서는 이번 주 금요일까지 보내주세요. 상담 시간은 20~30분 내외이며 방문 시간은 꼭 지켜 주시기 바랍니다.

이렇게 바꿔볼게요!

《부모 상담 안내(개별 작성)》

1. 상담 일자: 5월 2주 수요일
2. 상담 시간: 13시 30분~14시
3. 설문 조사지를 꼭 보내주세요!

바깥놀이 안내

이런 경우에는?

매일 바깥 놀이를 계획하고 있습니다. 바깥 놀이를 하지 못하는 경우에는 알림장이나 등원 시 전달해 주세요. 신고 벗기 쉬운 신발을 착용해 주세요.

이렇게 바꿔볼게요!

《바깥 놀이 안내》

- 만 0세반: 주 3회 바깥 놀이 실시(30분)
- 만 1세~만 2세: 주 5회 바깥 놀이 실시(30분)
- 만 3세~만 5세: 주 5회 바깥 놀이 실시(1시간)

1. 착용하기 쉬운 신발
2. 활동하기 편한 복장
3. 미참여시 오전 10시 전에 요청

Tip. 다양한 사례 예시

교사는 일과를 보내는 동안 온종일 핸드폰을 들고 다닐 수 없으며, 확인할 수 있는 시간 역시 제한되어 있다는 사실은 꼭 짚어서 전달합니다. 일대 다수를 보육하는 환경이므로 부모의 사소한 요구를 모두 들어줄 수 없음도 전달을 해야 알 수 있습니다. 보육과정에서 가장 우선으로 해야 하는 것은 안전 관리 및 건강 관리, 놀이 지원과 일상 생활 지도입니다.

교사는 알림장의 내용을 수시로 확인하기 어렵습니다. 아이들 놀이 지도와 안전이 우선이기 때문입니다.

> 미소반 부모님께 전달드립니다.
>
> 아이들의 놀이 지도와 안전한 생활 지도를 위해 핸드폰 사용을 자제하고 있습니다.
>
> 알림장의 내용은 일과가 시작하기 전, 낮잠 시간 등을 활용해 확인하고 있으니 원아의 건강 및 바깥놀이 참여, 투약의뢰 등의 중요한 전달 사항은 10시 이전에 보내주시기 바랍니다.

◦ 위의 내용은 알림장 소통의 가장 기본적인 내용입니다. 학기 초에도 안내해 주시고, 주기적으로 안내해 드려 부모가 충분히 이해하고 협조할 수 있도록 전달해 주시기 바랍니다.

공지사항을 활용해요.

《미소반 공지 사항》

다음 주 일정 및 행사 관련 안내해 드립니다.

1. 월요일은 용의 검사가 있으니, 아이들 손톱, 발톱 및 위생 등을 살펴봐 주세요.
2. 소풍을 가는 화요일에는 9시 30분까지 등원을 해주시고, 가방에는 점심 식판과 물통을 넣어 보내주세요(이름 기입 필수).
3. 다음 주는 나와 가족에 대한 주제로 새롭게 놀이가 진행됩니다. 어릴 때 나의 사진과 가족과 함께 찍은 사진 2장을 보내주세요.

◦ **개별 알림장으로 전송하는 것보다 공지사항으로 전달하였을 때 전달력은 더 높아집니다. 알림장의 하단에 기입할 수 있지만, 매주 금요일에는 반 공지사항을 활용하여 전달해 주시기 바랍니다.**

학부모의 의견을 반영합니다.

미소반에서는 바깥 놀이를 점심 후 진행하고 있었습니다. 학부모 상담 결과 다수의 가정에서 점심 전에 바깥놀이를 하는 것을 원하는 것으로 파악되어 일과를 조정하고자 합니다. 여름철 한낮에는 뜨거운 햇빛에 놀이가 어려울 수 있으므로 가능한 일정 내에서 점심 전 바깥 놀이가 가능한 경우, 시간을 조정하여 운영하도록 하겠습니다. 귀한 의견 내어주신 가정에 감사의 말씀 전합니다. 언제나 가정과 소통하고 아이들에게 좋은 환경을 제공하는 미소반 교사가 되겠습니다.

◦ **개인적인 요청 사항을 교사가 임의대로 결정하여 수용하는 것이 아니라 다수(과반수 이상)의 의견을 중심으로 조율해 나간다는 사실을 전해 주시는 것이 좋습니다. 다수의 의견에 따라 일과를 계획하고 실행하는 과정에 개인적인 내용도 충분히 감안하여 추후 반영한다는 내용으로 학기 초·중반에 전달해 주시고 주기적으로 의견의 변화가 있는지 확인해 주시는 것이 좋습니다.**

부모에게 도움이 될만한 내용, 정보를 공유합니다.

미소반 친구들이 요즘 계절에 대한 관심이 높아졌습니다. 아이들과 함께 하는 바깥 놀이 시간에 자연에 대해 관심을 가질 수 있도록 다양한 이야기와 놀이를 하다보니, 우리 미소반 친구들도 자연물을 활용한 놀이에 적극적인 모습을 보입니다.

우리 친구들이 재미있게 참여할 수 있는 놀이를 안내해 드립니다. 가정에서도 함께해 주시면 도움이 될 것 같습니다!

1. 풀피리 놀이 : 나뭇잎을 탐색한 후, 나뭇잎을 접어 구멍을 내어 주세요. 풀피리 소리를 들으며 함께 봄 노래를 불러 보는 것도 좋습니다.
2. 바람개비 놀이 : 아이들과 종이를 접어 바람개비를 만들어 보세요! 소근육 발달에도 도움이 됩니다. 바람의 방향이나 세기에 따라 바람개비가 돌아가는 모습을 관찰해 보세요.

아이들과 함께 한 놀이 사진을 기관으로 보내주시면, 원아들과 다양하게 활용하겠습니다. 감사합니다.

◦ 아이를 키우다 보면 다양한 궁금증이 생기기 마련입니다. 우리 아이의 반친구들은 어떻게 발달하고 있는지, 어떤 흥미를 가지고 있는지, 우리 반 놀이 계획은 어떤 기준으로 마련이 되고 있는지 등의 정보를 안내해 주시거나 가정에서 함께 지원하면 좋은 놀이 및 지도의 예시 등도 주기적으로 전달해 주세요.

4 우호적인 관계를 유지하며 기관, 반 운영 지침을 지키도록 권유하는 방법

다양한 교육 기관이 있고, 또 기관의 특성뿐 아니라 같은 기관 안에서도 교사에 따라 보육과정 및 놀이, 소통 등에 차이가 있을 수 있습니다. 다른 누군가와 비교를 당하면 마냥 달갑지 만은 않을 것입니다. 우리 반의 운영 지침에 대한 기준 및 대응에 대해 미리 준비하여 안내해 주세요. 그리고 부모 역시 우리 반 운영 지침에 대해 숙지하고 의견을 제시할 수 있도록 열린 운영을 계획하시기 바랍니다.

1. 사례1. 다른 어린이집/유치원은 사진을 10장 넘게 보내준다던데요?

안녕하세요, 어머님.^^ 사진을 보내드리는 부분에 있어서 아쉬운 점이 있으셨군요! 우리 어린이집/유치원에서는 부모님께 전달하는 내용도 중요하게 생각하지만 현장에서 아이들의 요구나 놀이에 대해 민감하게 반응하여 아이의 발달에 긍정적인 도움을 주는 것을 우선으로 하고, 안전한 환경에 대해서도 놓치지 않도록 노력하고 있어 사진 촬영의 시간이 제한적이랍니다. 여러장의 사진도 좋지만, 사진 안에 보여지는 아이들의 즐겁고 자유로운 모습과 표정을 살펴봐 주세요.^^ 저 역시 가능한 상황에서는 아이들의 모습을 더 담아 보내드릴 수 있도록 하겠습니다. 항상 어린이집/유치원 운영에 관심과 이해를 보여주시는 어머님 감사합니다!

- 일과 중에 사진을 촬영하는 것이 쉽지 않다는 것을 모르지는 않을 텐데, 생각 외로 이러한 질문을 하는 부모가 꽤 많습니다. 물론 예쁜 사진을 받아보고 싶은 마음은 알지만, 순간 넘어지고 다칠 수 있는 상황에 사진만 촬영하고 있을 수는 없습니다. 이러한 상황에 대해 감정적으로 대응하기 보다는 우선 부모의 마음은 공감해 주신 후, 보육 환경에 대한 이해를 위해 설명해 주시는 것이 좋습니다. '내가 뭐 어려운 부탁을 한건가?'하고 오히려 반문하고 부정적인 태도를 취하는 경우가 있을 수 있으니, 우리 원의 다른 반 선생님들과 상의를 해서 사진의 장수를 평균적으로 동일하게 제공한다거나, 원장님께 전달하셔서 이와 같은 내용에 대한 대응책을 마련하는 것도 좋겠습니다.

2. 사례2. 알림장을 좀 일찍, 자주 보내주면 안 되나요?

이번 주 알림장 전송 시간이 늦어서 궁금하셨을 것 같아요. 다음 주에 있을 부모 참여 행사를 준비하다 보니 알림장을 작성하는 시간이 여의치 않아 전체 알림장을 전송하거나 평소보다 늦은 시간에 전달 드리는 경우가 많았습니다. 우리 00어린이집/유치원은 영아의 경우에도 주 2~3회 알림장 작성을 기준으로 하고 있어서 저희 미소반은 월, 수, 금요일에 보통 작성해 보내드리고 있습니다. 주중에 특이한 사항은 지금처럼 어머님께 직접 전달 드리거나 유선으로 전달해 드리겠습니다. 부모님께서 궁금한 점이나 요청 사항이 있을 경우에는 알림장에 남겨주시면 통화 가능한 시간에 연락드리도록 하겠습니다!

다음 주에는 부모 참여 행사가 있어, 00반은 전체 알림장을 전달해 드릴 예정입니다. 전송은 오후 18시 이후로 평소 주간 보다는 늦어질 수 있는 점 양해 부탁드립니다. 개별 원아의 특이 사항 및 건강 등에 관련된 사항은 직접 전달해 드리도록 하겠습니다. 많은 양해와 협조 부탁드립니다. 더불어, 다음 주 즐거운 행사도 기대해 주시기 바랍니다!

- **부모의 불편 사항에 대한 민원이 있을 때에는 항상 공감 및 수용하는 자세를 먼저 보여주시는 것이 좋습니다. 충분히 이해하지만 쉽지 않은 상황이 있을 수 있음을 설명해 주시는 것이 효과적일 수 있습니다. 행사, 교육, 회의가 있는 경우에는 민원이 발생한 후에 상황을 설명하기 보다는 사전에 미리 안내해 주시는 것도 좋은 방법입니다.**

3. 사례3. 누가 코로나에 걸렸는지 알려주세요.

어머님! 지난주에 이어 우리 원에 코로나 확진 원아 수가 증가하고 있어 염려되실 것 같습니다. 원의 운영 방침 상 개인 정보는 알려드리기 어려운 점 양해 부탁드립니다. 우리 반에는 현재 1명의 원아가 확진 판정을 받았고 가정 보육을 실시하고 있습니다. 주중에 추가 확진이 있을 경우 오전 10시 이전에 안내해 드리도록 하겠습니다. 전체 원아에 대한 건은 원장님이 전달해 주실 예정입니다! 우리 아이들이 건강하게 잘 지낼 수 있도록 원에서 방역과 소독에 더욱 힘쓰겠습니다. 감사합니다!

안녕하세요! 00반 교사입니다. 지난 주 금요일 원 공지에서 전달드렸던 내용과 같이 우리 원에서 총 00명의 코로나 확진 판정을 받은 원아와 가정이 있었습니다. 우리 00반의 경우, 1명의 원아가 지난주부터 증상이 보였으며, 해당 시점부터 가정보육을 실시하고 있었습니다. 주중에 추가 확진이 있을 경우 오전 10시 이전에 안내해 드리도록 하겠습니다. 전체 원아에 대한 건은 원장님이 전달해 주실 예정입니다! 우리 아이들이 건강하게 잘 지낼 수 있도록 원에서 방역과 소독에 더욱 힘쓰겠습니다. 감사합니다!

◦ **사전에 충분한 안내 및 공지, 전달이 있을 경우 민원이나 문의 사항이 해소된다는 점을 기억해 주세요. 묻기 전에 안내해 주신다면 바쁜 시간을 쪼개어 불필요하게 상황을 설명할 필요도 없습니다.**

4. 사례4. 어린이집/유치원 준비물이 너무 많아서 챙기기 힘들어요.

안녕하세요.^^ 우리 미소반 친구들과 다양한 놀이를 계획하고 놀이를 통해 경험하는 것을 중요하게 생각하다 보니 준비물이 많았던 것 같아요. 준비하시기에 어려움이 있을 경우에는 미리 말씀해 주시면 원에서 준비 가능한 부분은 도움 드리도록 하겠습니다.

아이들이 놀이 할 때에 필요한 준비 사항에 대해서는 여유있게 준비하실 수 있도록 월초에 행사계획안을 보내드리고 있으니 참고해 주시면 좋겠습니다. 미소반 공지를 통해서도 일주일 전에 정리해 전달드리겠습니다. 금요일마다 보내드리는 준비물 안내 내용도 참고해 주세요! 감사합니다.^^

《다음 주 놀이 계획 및 준비물 안내》

1. 월요일 : 00반 마켓 놀이 / 준비물 : 가정에서 사용하지 않는 장난감 2개
2. 화요일 : 00공원 소풍 / 준비물 : 원복, 착용하기 쉬운 신발, 모자, 소풍 도시락 등
3. 금요일 : 생일 파티 / 준비물 : 3,000원 상당의 선물(포장해 보내주세요.)

아이들은 놀이를 통해 성장하고 배움을 가지게 됩니다. 번거로우시더라도 사전에 안내해 드린 내용을 참고하시어 준비물을 보내주시기 바랍니다. 사정이 여의치 않아 준비가 어려운 가정에서는 댓글을 남겨주시면 참고하여 원에서 마련하도록 하겠습니다.

◦ 마찬가지의 내용입니다. 사전에 안내해 드려도 준비물을 챙겨 보내지 않은 가정은 꼭 있기 마련입니다. 이전 주에 미리 안내해 드리고, 놀이 과정에서 아이들에게 도움이 되는 내용임을 전해 주신다면 보육과정을 계획하고 실행하는 데에 좀 더 수월할 것입니다.

그 밖에 새로운 사례를 원하는 경우, 출간 이벤트 내용을 참고해 요청해 주세요!

알림장 작성시 기억해야 할 것

알림장을 작성할 때 어떤 점을 기억해야 할까요? 이것만 잘 지켜 주셔도 충분합니다.

알림장을 보통 언제 작성하시나요? 낮잠시간이나 통합보육 시간 등에 작성하시는 경우가 많을 거예요. 알림장을 기다리는 학부모는 평균적으로 받는 시간이 지나면 궁금해 하기 시작합니다.

예를 들어, 평소 낮잠 시간인 14시 전후에 전송했다면, 그 시간이 지났을 때 학부모는 댓글을 달기도 해요 "선생님 오늘은 알림장이 없나요?" 물론 이 글을 읽고 선생님은 한숨부터 나올 수 있을 거예요. '내가 시간이 남아 도는 줄 아는 걸까?' 사실 아이들을 보는 와중에 사진도 찍고, 몇마디 알림장을 쓰는 것은 정말 보통일이 아닙니다. 하지만 교사와 부모의 입장이 다르다 보니 생길 수 있는 의견이라고 생각하시고 나만의 알림장 작성 노하우를 만들어 보기를 바랍니다.

1 알림장 작성과 관련된 우리 반 만의 특색, 분위기, 기준을 만들어 주세요.

아이는 생활을 하며 자연스럽게 소속감과 유대감을 느끼며 친근하게 생각합니다. 하지만 직접 생활을 하는 것이 아닌 알림장을 통해 간접적으로 경험하게 되는 학부모는 우리 반 보다는 나의 아이에 대해서만 집중하기 쉽습니다. 학부모가 기관, 우리 반에 소속감을 느끼기 시작하는 시점부터는 소통을 하는 것이 보다 수월해 지고 이해하는 정도, 신뢰도 역시 향상됩니다. 개별 원아의 세세한 내용의 전달이 중요할 수도 있겠지만, 1년간 함께 지낼 우리 반에 대한 정보도 지속적으로 전달해 주시면 좋습니다. 나는 어떤 교사인가요? 우리반은 어떤 반인가요? 간단하지만 반복되면 우리반의 특색, 분위기가 만들어 지는 순간이 찾아옵니다.

1. 담임 교사를 나타내는 표현

반갑습니다! 사랑하는 00반 부모님.
오늘은 등원하는 우리 미소반 친구들의 모습에 더없이 행복한 아침을 맞이할 수 있었답니다!

오늘도 반짝반짝 빛나는 눈빛의 우리 00반 친구들과 하루를 시작합니다.
안녕하세요! 아이들과 함께 하는 시간이 언제나 감사한 미소반 교사입니다.

안녕하세요! 부모님. 오늘은 어떤 하루를 보내셨나요?
도움이 필요할 땐 언제나 짜잔! 하고 나타나는 우리 00반의 든든한 000 선생님입니다.

안녕하세요?^^ 언제나 에너지와 웃음이 가득한 00반 교사 000입니다!

따뜻한 봄날입니다! 안녕하세요. 따뜻한 마음으로 아이들에게 안정감을 선물하는 00반 선생님입니다.

- 매일 알림장을 쓸 때에 어떤 멘트로 시작을 할까 고민하진 않으신가요? 반복되는 시작에 부모가 지루해 할까요? 부모는 아이의 일과가 궁금하지 교사의 인사말에는 큰 의미를 두지 않습니다. 교사의 예쁘게 꾸민 인사말이 아닌 신뢰감을 쌓은 말로 신뢰를 쌓고 이미지를 구축하는 것이 보다 편안한 방법이 될 것입니다. 나는 어떤 교사인지 곰곰이 생각해 보고 나만의 인사말을 만들어 보세요!

2. 우리 반을 나타내는 표현

우리반은 언제 가장 활기차고, 무엇을 좋아하는 반인가요?

우리 미소반은 자연 놀이를 좋아하지요! 따뜻한 봄 햇살이 기분 좋은 오늘! 우리 미소반 친구들은 오늘 놀이터에서 개미 친구들을 발견했어요!

쿵쿵! 흔들흔들! 에너지가 넘치는 우리 반 친구들은 몸놀이를 정~말 좋아해요! 즐거운 동요를 들려주면 더욱 신이 나서 놀이하는 우리 미소반, 오늘은 어떤 놀이가 이루어졌을까요?

이번 달에는 책놀이에 흥미를 보이는 우리 친구들이에요. 책을 보는 것 뿐만 아니라 책쌓기, 책 울타리 만들기, 헌책 오리기 놀이 등 다양하게 놀이하고 있답니다. 오늘 우리 반 친구들은 엄마 동물, 아기 동물 책에 흥미를 보였어요!

선생님만 보면 뛰어와 안기는 사랑이 가득한 미소반 친구들입니다. 하이파이브, 엉덩이 인사, 배꼽찾기 인사 등을 하며 웃음소리 가득했던 아침시간이었어요. 오늘도 즐겁게 일과를 시작해 보았습니다.

◦ **우리반의 이미지를 전달하는 과정은 생각 외로 효과가 좋습니다. 소속감을 느낄 수 있고, 내 아이뿐만 아니라 우리 아이와 함께 생활하는 친구들에 대한 관심으로 이어지기도 합니다. 사실 업무가 많다 보니 선생님이 매일 개별적인 알림장을 작성하는 것이 쉽지 않아요. 하지만 부모님은 내 아이에 대해서만 궁금해 하는 경우가 많습니다. 이럴 때에 우리 반에 대해 긍정적으로 인식하고 수용할 수 있도록 활용해 보시면 좋겠습니다.**

3. 우리 반 알림장 관련 기준

업무를 하다보면 학부모가 숙지해야 하는 내용이 있어요. 당장 급하게 전달하기 보다는 미리 안내하는 것이 중요합니다. 또한 내용도 체계적으로 전달하시는 것이 좋습니다.

? 교사 연차 사용 시

!

안녕하세요! 미소반 교사입니다.

다음 주 일주일은 연차 사용으로 대체교사가 우리 미소반 친구들을 보육하게 됩니다.

대체교사는 육아종합지원센터에서 관리하는 전문인력으로 미소반 친구들이 안전하고 즐겁게 생활할 수 있도록 잘 지도해주실 것입니다. 개별 원아의 성향 및 기타 세부 사항은 사전에 전달하였습니다.

연차 사용 기간은 알림장의 내용을 원장님(주임교사)이 확인하시게 됩니다.

알림장 작성은 생략되지만, 대체교사 혹은 하원 지도 교사가 특이사항 등은 전달하도록 하겠습니다. 연차 후에 건강한 모습으로 뵙겠습니다. 감사합니다.

? 통합 보육 안내(연장 보육 안내)

!

미소반의 경우 매일 16시 30분~17시 30분 동안 00반과 함께 통합보육이 이루어집니다. 해당 시간에는 담임교사가 교실을 청소하고 소독을 하거나 차량 지도 등을 하므로 통합 담당 교사가 보육을 하게 됩니다. 전달해야 하는 내용이 있을 경우 17시 30분~18시 사이에 전달해 주시기 바랍니다.

? 교사 교육으로 공백이 있을 경우

!

안녕하십니까? 미소반 교사입니다.

다음 주 수요일 14시 이후에는 교사 교육으로 인해 00반과 통합보육을 하게 되어 전달드립니다.

아이들이 안전하게 지낼 수 있도록 일과를 잘 마무리하고 인계하도록 하겠습니다. 특이 사항 등은 하원지도 교사가 전달할 예정이며 14시~18시는 교육에 참여하는 시간이라 알림장의 확인 및 기타 소통이 어려울 수 있습니다. 긴급한 내용을 기관 사무실을 통해 전달해 주시면 확인하도록 하겠습니다.

? 일과 진행과 관련된 사항

! 우리 미소반은 표준보육과정 기준에 따라 연령에 적합한 내용으로 매일 자유놀이 2시간과 바깥 놀이 30분의 시간을 이수하고 있습니다. 아이들의 건강 및 컨디션 등으로 놀이가 어려울 경우, 사전에 알고 배려할 수 있도록 전달해 주시기 바랍니다. 필요한 경우 보조교사가 도움을 주어 해당 원아의 일과를 지도하게 됩니다.

? 알림장 소통과 관련된 사항

! 미소반 교사입니다. 미소반의 경우, 매일 낮잠 시간 등을 통해 알림장을 작성하고 전달합니다(유아반 - 주 1회 작성하고 전달합니다.). 교사 교육이나 회의, 행사 준비 등으로 인해 전달이 늦어질 수 있으므로 참고해 주시기 바랍니다. 놀이나 활동에 대한 전반적인 사항을 전달하며 개별적인 내용은 정기적인 유선상담으로 전달드립니다. 개별 원아의 놀이 및 일상에 대한 내용은 매일 작성이 어려울 수 있음을 양해해 주시기 바랍니다. 감사합니다.

그 밖에 새로운 사례를 원하는 경우, 출간 이벤트 내용을 참고해 요청해 주세요!

2 알림장은 수다를 나누는 공간이 아니에요.

평소 부모님과 어떤 관계를 유지하고 계신가요? 다시 질문해 보겠습니다. 선생님은 어떤 성향의 교사입니까? 요즘 MBTI를 많이 하는데요. 여러 가지 유형이 있겠죠. 교사도 똑같은 사람이므로 학부모만큼 다양한 성향이 있는 것이 당연한데, 왠지 학부모는 바람직한 교사 성향에 대해 조금은 고지식한 기준을 정해 두고 교사를 평가하는 듯 합니다.

물론 부모와 좋은 관계를 유지하는 것은 정말 중요합니다. 매일 친근하고 편안하게 대화를 나누는 것도 무시할 수 없지요. 하지만 알림장은 글이기 때문에, 또 오랫동안 남는 것이기 때문에 조금 신중할 필요가 있어요. 얼굴을 대하며 웃으며 나누는 가벼운 이야기, 농담을 알림장에 쓰는 건 자제하는 것이 좋습니다. 좋을 때야 한없이 좋겠지만, 그렇지 않을 때도 생각해야 하기 때문이죠. 나도 모르게 친한 친구에게 이야기하듯ㅠㅠ, ㅋㅋㅋ 등의 표현을 사용하고 있지는 않나요? 다음의 내용을 함께 살펴보겠습니다.

1. 유의해서 사용해야 하는 표현

? ㅠㅠ 너무 짜증을 내서 힘들었어요.

! 오늘 00이가 평소보다는 민감하게 반응하는 모습이 자주 보였어요. 00이의 마음을 헤아리며 공감해 주었답니다.

◦ 문장의 주체가 교사가 되면서 힘든 상황임을 학부모에게 호소하는 것처럼 보여집니다. 보는 입장에서는 '내 아이가 힘든 아이다'라는 것이 먼저 느껴지게 되면서 불편함, 부담감이 다가올 수 있습니다. 어떤 상황이었는지 아이를 주체로 하여 전달해 주고 교사는 이를 위해 지원해 준 내용을 함께 적어주세요.

? 우리 00이 정말 재미있었을 것 같아요. ㅋㅋ

! 00이가 좋아하는 클레이 놀이를 해보았어요! 평소 좋아하는 놀이여서 00이가 더욱 적극적으로 참여했답니다. 손으로 조물조물 동그란 알을 만들어 달걀이라고 표현을 하네요.

◦ 친근한 표현 같지만 자칫 가벼워 보일 수 있어요. 또 매번 쓰던 ㅋㅋ가 없는 알림장을 읽게 되면 '선생님이 오늘은 기분이 안 좋은가?' 하고 생각할 수도 있답니다. 즐겁고 신나는 상황임을 문장으로 표현해 주시는 것이 좋겠습니다.

? 어머님 깨끗한 옷을 입혀 보내주세요. ^ ^ ;;;

! 어머님! 안녕하세요. ^ ^ 우리 친구들이 청결한 생활습관을 기를 수 있도록 지도하고 있답니다. 00이가 잘 이해하고 함께 할 수 있도록 복장이나 소품을 잘 관리해 주고 지도해 주시면 좋을 것 같습니다.

◦ 당연히 요구할 수 있지만 때로는 지적처럼 느껴져 학부모와의 관계가 어려워 지기도 해요. 같은 말이라도 우리 아이들의 건강에 대한 내용을 언급하며 함께 지켜나가면 좋겠다는 내용의 메시지로 전달을 하는 것이 좋아요.

? 낮잠도 잘 자지 못하고 컨디션이 안 좋아요.

!

오늘은 우리 00이가 낮잠을 깊게 자기 힘들었어요. 코도 막히고 잔 기침이 있어서 중간중간 뒤척이는 모습이 보여 낮잠 자는 동안에도 세심히 살펴보았습니다. 하원 후 병원에 가서 진료를 받아보는 것이 좋을 것 같아요.

◦ 컨디션이 좋지 않아 일과가 평소와 달랐을 경우, 단순하게 '어떠했다'라고 전달하는 것보다는 증상이나 반응을 기록해서 가정에서는 혹시 보지 못했을 아이의 상태에 대한 정보를 전해 주시는 것이 도움이 됩니다. 또한 교사의 지원을 전달하여 부모가 안심하고 감사한 마음을 느낄수도 있어요. 병원 내원 등의 추천도 자연스럽게 이루어지며 신뢰감이 향상될 수 있어요!

? 짜증을 자주 내요.

!

불편한 상황을 맞이했을 때 울음이 섞인 소리로 표현하기도 합니다. 요근래 불안한 모습이 보여 00이와의 대화 시간도 자주 가지고 스킨십도하고 있어요. 조금씩 편안한 모습을 보이며 말소리를 흉내내어 표현하기도 합니다!

◦ 항상 결과 보다는 과정을 먼저 설명하는 것이 좋습니다. 아이의 행동에는 언제나 이유가 있다고 생각해 주시고 문제점만 전달하기 보다는 어떻게 지원을 하면 좋을지에 대한 조언이나 교사의 지원으로 상황이 안정화된 내용 등을 함께 기록해 주시면 좋겠습니다.

? 소리를 질러요.

!

나의 마음을 표현하고자 할 때 큰 소리로 이야기 하는 모습을 보입니다. 00이가 생각하는 것을 충분히 수용해 주고 기다리면 00이는 교사의 눈을 마주치며 안정감을 보이기도 합니다. 다소 시간이 소요될 수 있지만 00이에게 큰 도움이 될 수 있답니다! 가정에서도 비슷한 상황이 있다면 조금 여유를 가지고 기다려 주시고, 표현 방법을 모델링해 주세요.

◦ 행동을 표현할 때에 객관적으로 판단하고 전달하는 것이 중요합니다. 발달 총평이나 관찰일지를 쓸 때처럼 말이죠. 한번 내뱉은 말은 주워담을 수 없습니다. 교사로서의 표현을 잘 기억해 전달하고자 하는 내용이 혹시 오해의 소지가 되지는 않을지 살펴보세요!

? 과격한 편이에요.

! 행동 반경이 큰 편이라 다치지 않고 잘 표현할 수 있도록 유의해서 지도하고 있습니다. 활발하게 움직이며 놀이할 수 있도록 바깥 놀이, 대체활동도 자주 실시하고 00이가 좋아하는 놀잇감도 제공해 주고 있어요.

◦ 아이의 행동을 나쁘게 판단하는 것이 아니라 좋은 부분을 찾아 표현해 주는 것이 때로는 더 효과적으로 전달되기도 합니다. 아이의 행동에는 항상 장단점이 있을 수 있어요. 우리는 교사로서 장점을 찾아 지원하고, 단점을 보완하는 모습을 보여주는 태도가 중요합니다.

? 까다로운 성격이에요.

! 주변의 변화를 빨리 알아차리는 편입니다. 놀라거나 당황하지 않도록 도와주고 있습니다. 새로운 공간, 사람 등을 마주할 때 불안한 모습을 보이는 것도 점차 나아지고, 때로는 교사의 손을 잡고 먼저 이끌기도 합니다.

◦ 부정적인 어감의 단어는 가급적 사용하지 않는 것이 좋습니다. 특히 성격에 대한 표현은 부모에게 거부감이 들 수 있습니다. 아이의 행동이나 성격에 대해 표현할 때에는 순화된 표현을 사용하고 이해하기 쉽도록 상황의 흐름이나 패턴 등을 함께 전달해 주세요.

? 마음에 들지 않으면 누워버려요.

! 기관에서 함께 해야 하는 시간에 어려움을 표현하기도 합니다. 아이들 마다 받아들이는 정도와 속도가 다를 수 있어 우리 00이가 편안하게 상황에 대해 미리 알고 준비할 수 있도록 이야기 해주고 있어요.

◦ 언제나 잊지 말아야 할 점! 아이의 모습을 부모에게 이르듯이 전달하는 것은 절대 삼가야 합니다. 상황에 대해 이해하고 수용하는 교사의 모습과 지원 방법을 자주 보여주고 전달하는 것은 학부모가 교사를 존중하는 지름길이 된다는 사실을 기억해 주세요!

? 위험한 행동을 자주 해요.

! 새로운 것에 대한 관심도 높고, 시도하는 것을 좋아합니다. 위험한 상황이 발생할 수 있기 때문에 안전 약속도 이해할 수 있도록 대화를 나누어 보았습니다. 오늘은 어제보다 더 잘 기억하고 행동하는 모습을 보여 칭찬을 해주었답니다! 가정에서도 좋은 모습을 보일 때 구체적으로 칭찬을 해주시면 좋겠습니다.^^

◦ 아이의 행동이 어떤 이유에서 비롯되는 것인지 부모는 잘 알지 못하고 혼을 내거나 다그칠 수 있습니다. 교사는 아이에 대해 꾸준히 관찰하고 연구합니다. 개별적으로 지원하고 있는 부분을 보여주세요.

알림장으로 꼭 전달해야 하는 내용

- 놀이 과정에서 보여지는 발달과 관련된 지원 및 안내
- 일상 생활에서 영유아가 하는 과정 및 가정과의 연계
- 안전, 위생관리에 대한 주기적인 전달 및 관리
- 일과 운영과 관련하여 가정에서 숙지해야 하는 사항
- 기관의 운영사항, 행사 등에 대한 전달 등

직접 전달해야 하는 내용

- 안전 사고 발생시 상황과 진행 과정
- 문제 행동에 대한 훈육 발생 시 상황에 대한 안내
- 부모가 염려할 만한 내용(등원 거부, 자폐 의심, 심리적 불안, 주의집중력 결핍 등)

전달이 필수적이지 않은 내용

- 영유아의 외모, 옷차림에 대한 내용
- 교사의 생각이나 느낌에 대한 내용
- 아이를 평가하는 내용

3 알림장에도 흐름이 있어야 합니다.

현장에서 아이들에게 동화책 자주 읽어주실 거예요. 동화책에도 흐름이 있어요. 기억에 잘 남기도 하고요.

선생님은 알림장을 쓸 때 어떻게 쓰시나요? 바로 본론부터? 갑자기 다친 이야기부터 하는 건 아닌가요?

매일 쓰는 알림장의 기본 흐름을 계획해 보는 것이 좋겠습니다. 그렇지 않으면 횡설수설 내용이 산으로 가기도 하고, 정작 전달해야 할 내용은 깜박 잊고 보낸 후, 뒤늦게 떠올라 댓글로 전달해 부모가 제때에 확인을 못하기도 하거든요. 그럼 매일 쓰는 알림장이지만 더 체계적으로 작성하고 활용할 수 있도록 기본 흐름을 계획해 볼까요?

1. 시간의 흐름에 따른 기록

영아(보통 매일 작성)

① 등원 및 오전 컨디션

안녕하세요! OO반 친구들과 오늘도 신나게 인사를 하며 하루를 시작했어요. 지난 주에는 감기 등으로 아픈 친구들이 많았는데, 푹쉬고 와서인지 컨디션이 많이 좋아진 듯 합니다.

② 오전 간식 및 놀이 시작

오전 간식으로 OO죽을 먹어보았습니다. 냠냠 맛있다는 표현을 하며 잘 먹었습니다. 교실에서 우리 OO반 친구들은 블록으로 집을 만들기도 하고, 자동차 놀이 등을 하며 즐겁게 놀이하였습니다.

③ 바깥 놀이 및 대체 활동

오늘은 황사가 심해 대체활동을 실시하였습니다. 아이들에게 바깥 놀이가 어려운 이유를 설명해 주니 아쉬운 듯한 반응을 보였지만, 평소 좋아하는 터널 놀이를 꺼내어 주고 함께 동요를 들으며 재미있는 터널 놀이를 해볼 수 있었습니다.

④ 점심 식사 및 양치, 낮잠 등 일상

점심 시간에는 우리 OO반 친구들이 좋아하는 콩나물 반찬이 나왔어요! 키가 쑥쑥 큰대요~ 하고 이야기를 했더니 다리를 쭉 펴고 자랑하는 우리 귀염둥이들이에요. 양치도 잘 하고, 낮잠도 푹~자고 일어났답니다.^^

⑤ 특별활동 혹은 행사 참여

오늘은 오감 활동이 있었습니다. 선생님과 인사를 하고 봄꽃 화전 놀이를 해보았어요. 평소 꽃과 곤충을 좋아하는 00반 친구들이어서 더 적극적으로 탐색하고 표현할 수 있었습니다.

⑥ 오후 컨디션 및 놀이 등

오후에도 편안하게 일과를 보내고, 좋아하는 놀이를 하며 시간을 보냈습니다.

⑦ 가정 연계 및 전달 사항

내일은 우리 친구들과 가족 사진을 활용해 놀이해보려고 해요. 가족 사진을 준비해 보내주세요.^^
아이들과 즐거운 저녁 시간 되시기 바랍니다! 감사합니다.

유아(보통 주 단위로 작성)

① 이번 주 놀이 주제

안녕하세요! 우리 OO반 친구들은 이번 주 직업에 대해 이해하고 다양한 놀이를 통해 경험해 보았습니다. 우리가 평소 자주 접하는 직업 외에도 새로운 직업도 알아볼 수 있는 시간이었습니다.

② 유아들의 반응 및 놀이 관심, 이해

우리반 친구들은 특히 유튜버, 아이돌, 과학자 등의 직업에 많은 관심과 흥미를 보였습니다. 직업의 이름과 특성에 대해 이해하고 선생님이 제공한 직업 카드, 직업 백과 사전 등을 유심히 살펴보고 놀이를 계획하는 모습이 인상적이었습니다.

③ 실제 이루어진 놀이와 교사의 지원

직접 흉내를 내어 영상을 촬영하거나 노래와 춤을 선보이기도 하고, 실험을 하며 탐구하는 모습을 보이기도 하였어요. 교사는 유아들의 반응이나 이해수준을 고려하여 다양한 지원과 자극을 해주었답니다!

④ 이번 주 바깥 놀이 및 대체 활동

이번 주는 바깥 놀이를 하기에 날씨가 많이 더워 대체활동을 주로 실시하였습니다. 폭염과 장마, 태풍 등 여름 날씨에 대해 동작으로 표현해 보는 활동에 많은 관심을 보이는 우리 OO반 친구들이었습니다.

⑤ 특별활동 및 행사 참여

이번 주 놀이 외에도 다양한 행사가 있었어요.
친구의 생일을 진심으로 축하하며 생일파티를 보내고, 퍼포먼스 활동을 하며 유아들이 자신의 생각을 자유롭게 표현해 볼 수 있었습니다. 이번 주 작업한 활동 작품을 보내드리니, 함께 감상하며 칭찬도 많이 해주세요!

⑥ 다음 주 놀이 계획 및 준비물

유아들의 흥미와 몰입도가 높아 다음 주에도 직업에 대해 탐구하고 놀이해 보려고 합니다. 친구들이 주말을 보내며 만나는 다양한 사람들의 직업을 놀이로 표현해 볼 수 있도록 방문하는 곳의 사진을 준비해 보내주세요!

⑦ 가정 연계 및 전달 사항

유아들과 활동을 하며 가정에서의 미디어 사용 시간이 평균적으로 많은 것 같습니다. 적절한 시간을 함께 상의하여 미디어 사용에 대한 약속을 정해 유아들이 스스로 지켜나갈 수 있도록 지도해 주시기 바랍니다.

2. 내용의 중요성에 따른 기록(인사 - 내용 - 전달 - 당부 - 인사)

영아(보통 매일 작성)

① 인사 및 오전 일과에 대한 내용

안녕하세요! OO반 교사입니다.

언제나 즐거운 우리 OO반 친구들과 반갑게 인사를 하고 교실로 이동하는 복도에 붙여진 동물 발자국을 살펴보며 좋아하는 동물 이야기를 해보았어요.

② 주요한 놀이 및 활동에 대한 안내

이번 주 엄마 동물, 아가 동물이라는 주제로 동물에 대해 관심을 가져보고 놀이로 표현해 보는 시간을 계획해 보았답니다!

③ 전달 사항

동물의 이름이나 특성을 알기 쉽게 설명해 주세요. 동물원을 방문하거나 동물 관련 책이나 영상을 접하며 함께 대화를 나누는 것도 우리 친구들에게 큰 도움이 될 것 같습니다.

④ 유의 사항 및 협조 사항

다음 주에는 바깥 놀이를 하며 길고양이, 강아지들을 만나보려고 합니다. 혹시 동물 털 알레르기가 있거나, 조심했으면 하는 부분이 있다면 참고할 수 있도록 사전에 전달해 주시기 바랍니다.

- 동물이나 곤충에 관심을 보이며 직접 만지며 탐색해 보려는 모습이 보이기도 합니다. 아이들에게 안전에 대해 안내해 주시며 모델링이 되어주세요.
- 활동하기 편안한 복장을 입혀 주세요. 바깥 놀이를 자주 하다 보니, 신발이나 복장이 불편한 경우 편안한 일과 진행에 어려움이 있을 수 있겠습니다.

⑤ 인사 및 마무리

다음 주도 우리 친구들과 즐거운 놀이를 하며 건강하고 안전하게 생활하겠습니다. 주말 동안 가족과 행복한 시간 보내길 바랍니다. 감사합니다!

유아(보통 주 단위로 작성)

① 인사 및 이번 주 오전 일과에 대한 내용

안녕하세요! 00반 교사 000입니다.
이번 주 우리 반의 인사 미션은 하이파이브였답니다. 친구들과 선생님과 하이파이브를 하며 에너지 넘치는 인사를 나누어 보았어요. 오전에는 간식을 배식하는 당번을 정해 친구들과 번갈아 가며 배식도 경험해 보고, 건강한 생활습관을 위해 서로에게 좋은 이야기를 전해 주기도 했습니다.

② 주요한 놀이 및 활동, 교사의 지원

지난 주에 이어 우리 나라의 전통 문화와 현재, 세계 여러나라의 문화를 알아보고 놀이를 통해 경험하고 있습니다. 유아들의 제안으로 세계 여러 나라의 집을 만들어 보기도 하고, 다양한 나라의 전통 의상, 음식, 문화 유산의 놀이자료를 활용해 놀이해 보기도 하였습니다. 이제는 "00나라는 00가 유명해요! 00는~ 한 나라에요." 하며 먼저 이야기를 하는 우리 00반 친구들입니다!

③ 전달 사항

의상과 소품에 대해 관심을 보이는 친구들이 많아, 다음 주에는 우리반 친구들과 함께 모자 만들기 활동을 해보려고 합니다. 자연물로 꾸미자는 의견이 있어 바깥 놀이 시간에 나뭇가지, 나뭇잎 등을 모으고 있답니다. 가정에서도 산책을 하게 되면 함께 준비해 보내주세요.

④ 유의 사항 및 협조 사항

어린이집/유치원 등원 시간이 늦어지면 놀이 시간이 짧아져 또래와의 상호작용 뿐만 아니라 놀이를 통한 배움의 시간에 아쉬움이 생기기도 합니다. 병원을 내원하는 등의 필요한 상황이 아니라면 가급적 10시 이전에 등원 지도를 부탁드립니다.

2학기 준비물을 안내해 드렸습니다. 안내장을 참고하시어 00월 00일까지 보내주시기 바랍니다!

⑤ 인사 및 마무리

이번 주도 알찬 시간을 보낼 수 있었습니다. 항상 우리 00반의 생활에 관심과 애정을 보내주시는 학부모님 감사합니다. 주말에도 즐거운 일이 가득하기를 바랍니다. 감사합니다.

그 밖에 새로운 사례를 원하는 경우, 출간 이벤트 내용을 참고해 요청해 주세요!

4 하고 싶은 말보다 읽고 싶은 내용을 우선으로 합니다.

알림장을 쓰다보면 내가 무슨 이야기를 하는지도 모른 채 기계적으로 쓸 때가 있어요. 알림장의 내용은 아이가 주체가 되어야 합니다. 아이가 기관에서 어떻게 지냈는지, 다양한 상황에 어떤 반응을 하고 어떤 생각을 하며 지내고 있는지가 주 내용이 되면 됩니다. 아이 때문에 힘들고 어려웠던 이야기까지 알림장에 쓰는 건 아닐까요? 우리는 교사잖아요. 보육 서비스를 제공받는 학부모에게 교사의 넋두리가 가득한 알림장보다는 궁금점을 해소할 수 있는 내용으로 작성해 주세요. 그 과정에서 자연스럽게 교사가 지원한 부분에 대해서만 작성해 주셔도 충분히 느끼고 알 수 있을 겁니다.

1. 부모가 궁금해 하는 것

우리반의 일과를 함께 전달하는 것도 좋지만, 부모는 내 아이의 생활과 생각이 더 궁금합니다.

매번은 아니더라도 아이의 개별적인 내용을 주기적으로 전달해 주시는 것이 좋습니다. 같은 반 친구, 다른 원의 친구의 알림장과 비교를 하거나 맘카페 등에 알림장을 올려 평가를 하는 등의 경우도 본적이 있습니다. 물론 그런 것을 미리 염려하고 걱정할 필요는 없지만, 항상 똑같이 복사+붙여넣기 한 내용을 전달하는 것처럼 보여지지는 않게 한번씩은 체크해 보시면 어떨까요?

학부모가 궁금해 하는 내용은 무엇일까요? 식사는 잘했는지, 친구들과 잘 놀이했는지, 무슨 놀이를 했는지, 아프거나 다치지는 않았는지, 선생님이랑 어떤 이야기를 나누었는지 등이 되겠습니다.

2. 부모가 알고 싶은 것

기관과 가정에서의 아이의 행동이나 모습이 다른 경우가 생각보다 많습니다. 가정에서 긴 시간을 함께 지내는 자녀라 하더라도 부모가 없는 기관에서는 어떻게 생활하는지 알고 싶을 수 있습니다. 기관에서의 다양한 상황에 대한 반응이나 행동이 가정에서는 생소하고 낯설 수도 있습니다. 기관에서 지내는 아이의 모습에 대한 교사(전문가)의 전달은 부모에게 유익한 정보로 작용합니다. 아이의 관심사나 발달, 성향에 대한 조언은 부모가 아이를 양육하는데 큰 도움이 됩니다.

전문가인 교사의 의견을 통해 부모는 더 정확하고 객관적으로 아이를 이해할 수 있습니다. 요즘 우리 아이가 무엇을 좋아하는지, 어떤 놀이에 관심을 보이는지 단순하게 내용만 전달하기 보다는 그 과정의 의미에 대한 정보와 지원 방법, 도움이 될 만한 놀이 예시 등을 구체적으로 전달해 주시면 좋겠습니다.

3. 복사, 붙여넣기는 NO!

업무가 바쁘다 보니 매일 같은 알림장의 내용에 이름만 바꾸어 전달하는 경우도 있습니다. 물론 이것이 잘못되었다는 이야기는 아닙니다. 하지만 간혹 이름을 잘못 적어 보낸다거나 내용을 잘못 전달하여 오해가 생기기도 할 수 있어 발송 전 한번 더 확인하는 과정은 꼭 필요합니다. 기관에서 함께 지내다 보면 교사가 계획하는 주제에 흥미를 보이며 비슷한 놀이를 하고 일과를 보낼 수 있지만 가정에서는 아이 한명만을 보기 때문에 교사가 놓칠 수 있는 세세한 내용에도 다른 생각을 하기도 합니다.

같은 알림장이라 하더라도 부모마다 반응은 다를 수 있습니다. "맞아, 우리 아이의 이야기야" 하기도 하지만 "응? 우리 아이가 그랬다고?" 하며 의아한 생각이 들 수도 있습니다. 동일한 일과의 내용만 전하기 보다는 아이의 개별적인 반응 등의 세부 내용을 살짝 더해주시거나 전체 알림장과 개인의 내용을 함께 작성해 주시는 것이 좋습니다.

4. 아이의 문제 상황, 안전 사고, 부정적인 내용은?

아이에게 보여지는 문제 행동, 상황, 안전 사고등의 내용은 우선 직접 전달하는 것이 가장 바람직합니다. 간단한 내용이나 부모와의 협의가 있는 경우에는 물론 하원할 때 전달할 수 있겠지만, 평소와 다르게 깊이 다루어야 할 내용, 빠르게 전달되어야 하는 내용은 알림장이 아닌 유선으로 전달합니다.

상황에 대한 직접 전달을 한 후 교사의 이후 지원이나 배려, 아이의 상황에 대한 전달은 알림장을 통해 전달할 수 있지만 발생한 시점의 초기 상황에 대해서는 교사가 직접 해당 부모에게 전달하는 것이 좋습니다. 아이에 대한 부정적인 내용을 굳이 글로 남길 필요는 없습니다. 볼 때 마다 기억이 더해지거나, 상황이 종료된 이후에 또다른 오해가 생기기도 하기 때문입니다.

5 맞춤법, 띄어쓰기 등은 기본, 불필요한 표현은 자제합니다.

선생님은 아이들에게 언어(모국어)를 가르치는 역할을 합니다. 바른 언어를 사용하는 것은 아이들에게 가장 기본이 되는 것입니다. 대화의 기본, 우리가 사용하는 평소의 단어가 적절한지, 살펴봐 주세요. 또한 글로 남는 알림장의 문장을 잘 살펴보고 맞춤법이나 띄어쓰기 등은 정리해 주는 것이 필요하겠습니다. “이 선생님은 맞춤법도 잘 모르나봐” 하는 이야기를 듣지 않도록 말이죠.

1. 자주 틀리는 맞춤법

? 나아? 낳아?

- **나아** : 병이나 상처 따위가 고쳐져 본래대로 됨
- **낳아** : 배속의 아이, 새끼, 알을 몸 밖으로 내놓음

! 감기가 얼른 ~~낳아서~~ ➔ **나아서** 건강한 모습으로 만나기를 바랍니다.

? 귀저기? 기저귀?

- 귀저기는 잘못된 표기입니다. 기저귀라고 작성해 주세요.

! ~~귀저기~~ ➔ **기저귀**를 다 사용했어요. 새로 한팩 보내 주세요!

? 금새? 금세?

- **금세** : 지금 바로의 뜻, 금시에의 줄임말

! ~~금새~~ ➔ **금세** 기분이 좋아져 몸을 흔들며 춤을 주는 우리 하윤이였답니다.

? 어떡해? 어떻게?

- **어떡해** : 어떻게 해의 줄임말
- **어떻게** : 수식하는 말

! 민지가 "**어떡해**, 다 망가졌어" 라고 이야기를 해서 도와주었어요.
민지가 "선생님, 이거 **어떻게** 하는 거예요?" 라고 물어보았답니다.

? 며칠? 몇일?

- 맞춤법 개정 이후 며칠로 표기

! ~~몇일동안~~ ➔ **며칠동안** 등원을 하지 않아 많이 걱정이 되었어요.

? 뵈요? 봬요?

- '뵈' 자리에 '뵈어'를 넣어 어색하면 '뵈', 어색하지 않으면 '봬'를 사용합니다.

!
- 내일 뵈요(X)
- 내일 **뵈어요**(O)
- 내일 **봬요**(O)
- 내일 **뵙겠습니다**(O)

? 있다가? 이따가?

- **있다가** : 사람이나 동물이 어느 곳에서 떠나거나 벗어나지 아니하고 머물다.
- **이따가** : 조금 지난 뒤에(시간)

! 찬양이가 블록 놀이 매트에 있다가 피곤한지 선생님에게 다가와 안겼어요.
~~있다가~~ ➔ **이따가** 뵈어요 어머님!

당연히? 당연이?

• 일의 앞뒤 사정을 놓고 볼 때 마땅히 그러함

동요 대회 시간! 우리 지용이는 ~~당연이~~ ➔ **당연히** 멋지게 잘 해낼 줄 알았답니다!

열심히? 열심이?

• 어떤 일에 온 정성을 다하여 골똘하게

우리 지수가 ~~열심이~~ ➔ **열심히** 퍼즐을 맞추며 곰가족 노래를 불러주었어요.

에요? 예요?

• 앞 말에 받침이 있으면 -에요
• 앞 말에 받침이 없으면 -예요
• 이다/ 아니다 에는 -에요
• 사람 이름 뒤 -예요

수진이가 좋아하는 책이에요.

새 친구를 보고 "선생님 얘는 누구예요?" 라고 물어보았어요.

• 아니에요(X)
• 아녜요(O)
• 아니예요(O)

왜냐면? 왜냐하면?

• 왜 그러냐 하면의 뜻을 나타냄
• 왜냐면은 구어체에서 쓰이는 표현

친구가 다가오자 인규가 손을 뻗어 밀어내는 행동을 보였어요. ~~왜냐면~~ ➔ **왜냐하면** 인규가 평소 소중하게 여기는 인형을 가져간다고 생각했기 때문이에요.

? 오뚜기? 오뚝이?

• 밑을 무겁게 하여 아무렇게나 굴려도 일어나는 장난감

! 민지가 ~~오뚜기~~를 ➔ **오뚝이**를 가지고 놀이하며 즐거워 했어요

? 가리키다? 가르치다?

• **가리키다** : 방향을 알려주는 지시, 지적
• **가르치다** : 지식을 깨닫게 하는 교육의 의미

! 다정이가 곰인형을 ~~가르키며~~ ➔ **가리키며** "곰"하고 이야기를 했어요.

? 다르다? 틀리다?

• **다르다** : 비교가 되는 두 대상이 같지 않다.
• **틀리다** : 셈이나 사실 따위가 그르게 되거나 어긋나다.

! 기정이가 선생님에게 우리 할아버지 사진과 ~~틀리다고~~ ➔ **다르다고** 이야기를 해주었어요.

? 곰곰이? 곰곰히?

• 곰곰(부사) + 이(접사), 여러모로 깊이 생각하는 모양

! ~~곰곰히~~ ➔ **곰곰이** 생각하는 주아의 모습이 인상적이었어요.

거에요? 거예요?

- 것이에요→것예요→거예요

"선생님 이게 뭐하는 ~~거예요~~? ➔ **거예요**?"하고 물어보는 정아였답니다.

개수? 갯수?

- **개수** : 한자어, 사이시옷을 받침으로 사용하지 않음. 낱으로 셀 수 있는 물건의 수

~~갯수~~ ➔ **개수**가 충분하지 않아 추가로 제공해 주었더니 너무 좋아하는 00반 친구들이었어요.

kidsnote [키즈노트] 스마트 알림장을 사용한다면?

키즈노트를 사용할 경우, 알림장 작성 후 발송하기 전에 맞춤법 및 띄어쓰기 검사를 하여 수정할 수 있습니다. 일일이 검색해 보지 않아도 맞춤법 검사 기능을 활용하면 맞춤법과 띄어쓰기 오류 등을 확인하고, 내용을 바로 교정할 수 있답니다!

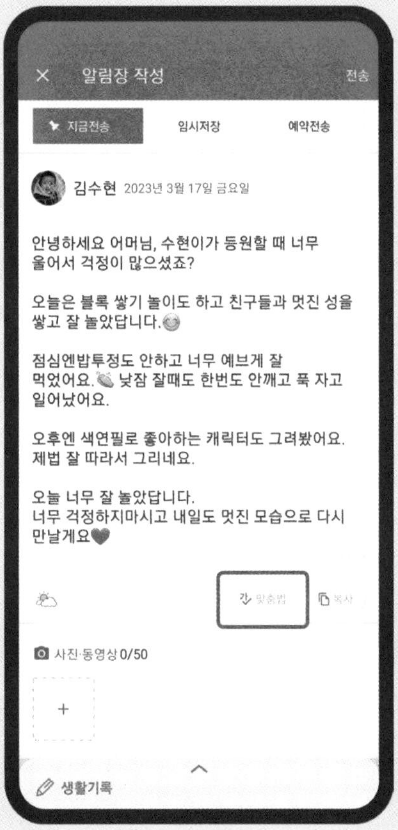

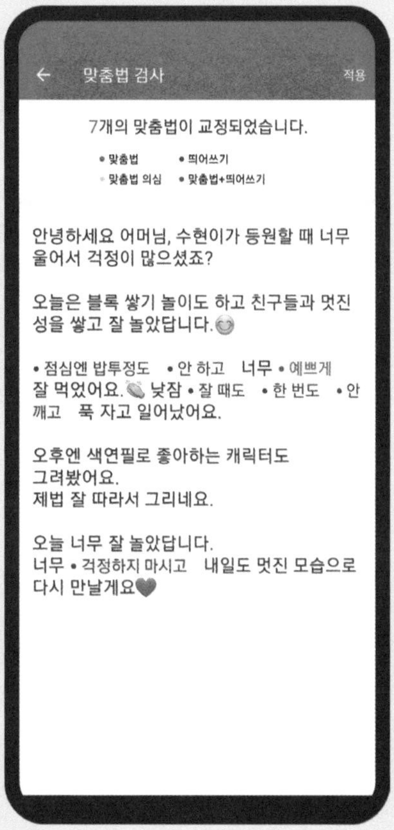

2. 자제할 때도 필요해요 - 이모티콘, ㅋㅋㅋ, ㅠㅠ, ^^;;;

위에서도 살짝 언급했지만 이모티콘이나 편한 사이에 주고 받을 만한 축약어, 표현 등은 자제하는 것이 좋습니다. 아이들에게 언어 지도를 하고 모델링을 보여주는 선생님이니까요. 올바른 언어를 사용하는 모습을 보여주어야 하는 교사임을 기억하고 알림장을 작성할 때에도 정확한 표기와 바람직한 표현을 사용하는 것이 필요합니다. 불필요한 이모티콘의 사용과 표현은 보는 사람으로 하여금 또 다른 해석을 만들기도 합니다.

특히 걱정되고 염려되는 상황을 전달할 때에 이모티콘을 남발하지 않도록 해주세요.

이모티콘이 전달하는 이미지는 전달력을 향상시키기도 합니다. 하지만 긍정적이고 밝은 내용일 때에만 사용해 주세요. 부정적인 내용에 슬픈 감정을 표현하기 위해 이모티콘을 사용할 수는 있지만 자칫 가벼워 보일 수도 있기 때문입니다. 이모티콘을 사용하는 것이 편하다면 어느 정도 학부모와의 관계가 안정적으로 형성되었을 때부터 시작하는 것을 추천합니다.

너무 가볍게 보이지 않도록 초성 문자 사용은 자제해 주세요.

ㅋㅋㅋ는 웃음을 표현하지요. 일적으로 맺어진 관계 보다는 친구간, 가족 등 사적으로 편안하고 어려움이 없는(덜한) 관계일 때 쉽게 사용하는 표현이라고 보여집니다. 너무 가볍게 보이지 않도록 가급적 사용을 하지 않는 것을 추천합니다. 아이의 행동이나 모습이 귀여워 웃음을 표현하고 싶다면 미소 이모티콘을 사용하거나, 말로 풀어서 써주세요.

감정 표현에 있어 ㅠㅠ와 같은 문자는 사용하지 않습니다.

교사가 실수가 있었거나 염려되는 상황에 교사의 입장을 전달하기 위해 함께 작성하는 경우가 있습니다만, 때로는 오해가 생길 수 있다고 생각됩니다. 실수로 인한 불편함이 있었다면 정확하게 상황을 전달하고 해결에 관한 대응, 계획을 작성하는 것이 좋습니다. 아이가 아프거나 다친 상황에 대한 염려하는 마음도 ㅠㅠ 라는 표현보다는 "수호가 많이 아프지 않을까 걱정이 되어 연락드렸어요" 등의 문장으로 표현해 주시기 바랍니다.

- **^^;;; 처럼 땀방울 몇 개 흘리는 이모티콘도 다르게 받아들이고, 민감하게 생각하는 학부모가 있습니다. 민망하고 무안한 내용을 전달하는 과정에서 글과 함께 작성하기도 하지만, 교사-부모간의 관계에서는 굳이 사용하지 않는 것이 좋다고 생각됩니다. 상황이나 교사의 마음에 대해 전달하고 싶다면 내용 전에 간단히 설명하는 것이 좋겠습니다. "어머님, 번거로우시겠지만~", "많이 바쁘신지 연락이 되지 않아 알림장을 통해 전달드립니다" 등으로 표현해 주세요.**

선생님은 몇 세 반을 맡고 계신가요? 우리 반 교사는 우리반 아이들에게 집중하지요. 다른 반, 다른 선생님과 비교할 필요 없어요. 당연히 아이 한명 한명에 대해 개별적인 내용을 전달하는 것이지, 누구와 비교할 필요도 없습니다.

한 학부모만 준비물을 보내지 않았을 때

이런 경우에는?	이렇게 바꿔볼게요!
우리 수진이만 앞치마가 준비되지 않아 많이 속상해 했어요. 요리실습이 있는 날에는 앞치마를 꼭 준비해 주세요.	내일은 요리실습이 있는 날입니다! 미소반 친구들이 앞치마를 착용하고 참여할 수 있도록 미리 준비해 주세요. 오늘 수진이가 앞치마가 준비되지 않아서 속상해 하는 모습을 보였습니다. 원에 있는 여유 앞치마를 할 수 있도록 도움을 주고 격려해 주었어요. 금방 웃으며 요리 실습에 잘 참여하는 수진이었답니다! 요리실습이 있는 날에는 앞치마를 준비해 보내주세요^^

유난히 잘 다치는 원아가 있을 때

이런 경우에는?

지호가 놀이하다가 자주 넘어지고 다치는 모습이 보입니다. 신발 끈에 걸리거나 너무 빨리 뛰어서 넘어지는 경우가 있어서 살펴봐 주시기 바랍니다.

이렇게 바꿔볼게요!

아이들의 운동 능력이 발달하고 있는 과정에서 넘어지거나 다치는 경우가 종종 발생할 수 있습니다. 가정에서는 아이가 착용하고 활동할 때 편안한 신발이나 옷차림으로 등원할 수 있도록 지도해 주세요.(굽이 있는 구두, 끈 있는 운동화, 너무 긴 치마나 멜빵바지 등도 불편할 수 있습니다.)

놀이 시 안전에 유의할 수 있도록 함께 지도하겠습니다.

위생 관리가 전혀 안되는 원아의 가정에 전달할 때

이런 경우에는?

소희의 손톱이 너무 길어서 놀이하다 끝이 살짝 부러졌어요. 어머님 가정에서 소희 손톱을 잘라주세요. 어린이집/유치원에서 생활할 때에 불편할 수 있고 위생상으로도 바람직하지 않습니다.

이렇게 바꿔볼게요!

매주 월요일에는 아이들과 기본생활습관에 대해 알아보며 용모가 깨끗하고 단정한지 살펴보고 있습니다. 놀이를 하다 보면 손톱에 긁히기도 하고 발톱이 부러져 아프기도 합니다. 또한 옷차림의 위생 관리도 중요합니다. 주말 동안 우리 아이의 손톱, 발톱의 길이 및 용모, 착용하는 옷차림의 청결 상태 등을 살펴봐 주시기 바랍니다.

애착하는 물건이 있을 때

이런 경우에는?

도윤이가 좋아하는 건 알지만 어린이집/유치원에 자동차 장난감을 들고 오면 친구들이 부러워 하기도 하고 놀이에 집중하기도 어렵습니다. 어머님, 놀잇감은 집에 두고 등원할 수 있도록 이야기 해주세요!

이렇게 바꿔볼게요!

어머님 우리 도윤이가 요즘 자동차를 들고 어린이집/유치원에 간다고 하여서 많이 걱정하시는 것 같아요! 아이들마다 애정을 두는 물건(애착물건)이 있는 건 당연한 성장 과정입니다. 새로운 환경이 낯설거나 익숙한 공간에서도 어떤 일들로 인해 불안감을 느꼈을 수도 있으니 조금 시간을 두고 기다려 주시면 좋을 것 같아요. 어린이집/유치원에서도 도윤이가 빨리 안정을 찾고 다시 놀이에 집중할 수 있도록 도와주겠습니다.

체구가 친구들에 비해 많이 적고 식사도 안하는 경우

이런 경우에는?

로운이가 친구들에 비해 많이 왜소한 편이에요. 어린이집/유치원에서 식사도 잘 하지 않아서 걱정이 많답니다. 집에서는 어떤가요?

선생님이 먹여주지 않으면 잘 먹지 않고 있어요.

이렇게 바꿔볼게요!

로운이는 놀이나 활동에 항상 적극적으로 참여하는 편이에요. 선생님 이야기에도 관심을 보이며 옹알이도 잘 하고 있답니다

우리 로운이가 어린이집/유치원에서는 식사 시간에 조금 어려워 하는 모습이 보여요. 가정에서는 주로 어떤 음식을 좋아하는지, 어떻게 식사하는지 궁금해요.

6 우리는 사진작가가 아닌걸요.

"선생님... 오늘은 사진이 없나요?" 댓글을 읽자 마자 한숨부터 나옵니다. 선생님 마음은 어떠신가요? 우리는 사진작가가 되기 위해 어린이집/유치원에 취업한 것도 아닌데 종종 이런 반응을 마주하곤 합니다. 그래서인지 소풍을 나가다 보면 어떤 선생님은 아이들을 줄세워 놓고 사진 찍느라 바쁩니다. 아이가 선생님 뒤에서 넘어지는지, 장난을 치는지, 이탈하는 지도 모르는체 말이죠. 물론 이를 탓하거나 잘못되었다고 말할 순 없지만 언제부터인가 사진을 많이 보내주는 교사가 좋은 교사라고 평가되는 것 같아 안타까운 마음이 듭니다. 또, 어린이집/유치원 원장님들도 많은 사진을 보내기를 원하는 경우도 있구요. "사진이 적어서 죄송해요" 라는 말을 하지 않아도 "선생님 아이들과 즐겁게 놀이해 주셔서 감사해요" 라는 말을 들을 수 있으려면 어떻게 해야 할까요?

놀이나 행사 참여 사진도 좋지만, 생각보다 학부모는 아이들이 평소 기관에서 생활하는 모습 즉, 밥먹는 모습, 양치하는 모습, 이부자리에 누워있는 모습 등 일상적인 사진을 찍어 보내주시는 것을 상당히 좋아하고 신기해 합니다.

학기 초 사진 촬영, 전달과 관련된 사항을 안내합니다.

> 안녕하세요 미소반 교사입니다. 기관에서의 놀이 및 일과를 진행하는 부분에 있어서 안전이 가장 우선이 되어야 하는 부분으로 사진의 양과 질은 제한적일 수 있습니다. 일대 다수의 보육환경에서 아이들의 안전 관리 및 놀이 지원을 하는 상황이므로 개인 원아의 사진 전달은 어려울 수 있습니다. 이점 적극적으로 이해해 주시기 바랍니다. 감사합니다.

1. 사례1. 생일파티 사진 다양한 포즈로 많이 찍어 주세요!

안녕하세요!

우리 지호의 생일파티가 벌써부터 기대가 됩니다. 지난 달 생일파티때부터 기다려왔거든요.^^

지호가 즐겁게 생일파티에 참여하는 모습 보내드리겠습니다. 다만, 함께 파티에 참여하는 친구들이 있어서 여러장을 보내드리기는 어려울 수 있을 것 같아요. 많지 않은 사진이더라도 우리 지호의 밝고 행복해 하는 표정을 보고 이야기 나누어 주세요^^ 참, 우리 지호 멋진 옷 입고 등원할 수 있도록 부탁드립니다.

감사합니다.

◦ 바쁜 행사 진행에 부담스러울 수 있는 요청이에요. 하지만 즐거운 날인 만큼 부모님의 마음을 이해해 주시며 요청한 상황에 대해 모두 충족하기 어려운 이유를 살짝 언급해 주시길 바랍니다.

2. 사례2. 소풍 가서 어떻게 놀이하는지 궁금하니 개인 사진도 많이 찍어 주세요!

안녕하세요!

실내에서의 놀이 보다 외부 활동시에 안전에 대해 좀 더 유의하여 지도해야 하는 부분이 있기에 사진 촬영이 어려울 때가 많습니다. 개인 사진을 촬영하는 동안 혹시라도 다른 원아가 이탈을 하거나 다치는 경우 교사가 바로 대응하지 못할 수 있어서 소풍 등 외부 활동시에는 자연스럽게 모둠의 사진 혹은 단체 사진 등으로 대체하고 있습니다. 아이들의 소풍 장소에서의 놀이가 안정적일 때 친구들의 모습을 예쁘게 담아 보내드리겠습니다. 감사합니다.

◦ 안전이 항상 최우선임을 강조해 주시길 바랍니다. 이 때에 "아이들이 돌아다녀서, 00이가 자주 이탈을 해서, 우리반이 활동반경이 넓어서" 등의 아이의 행동을 이유로 대기 보다는 위의 내용과 같이 교사가 사전에 잘 관리하기 위함으로 전달해 주시면 좋겠습니다.

3. 사례3. 대피 훈련을 하는 모습을 보고 싶어요.

안녕하세요!

우리 지민이가 대피훈련에 어떻게 참여하는지 궁금하셨군요! 하지만 기관에서 대피훈련을 할 때에는 실제 상황과 동일하게 긴급하게 대피하는 것을 연습하는 과정이라 사진을 촬영하기가 어렵습니다. 화재가 발생했을 때와 동일하게 훈련을 하는 과정이므로 이 부분 양해 부탁드립니다.^^

◦ 교육기관의 행사, 프로그램은 교육과정이기 때문에 참여하는 영유아의 이해와 참여가 가장 중요합니다. 부모에게 사진을 통해 아이들의 일과를 보여주는 것도 중요하지만 행사나 프로그램의 성격에 따라 가능 여부가 달라질 수 있고, 놀이 중이라도 영유아의 안전에 무리없이 안정적으로 운영되었을 때 가능한 부분임을 전달해주세요!

4. 사례4. 아빠가 같이 놀이하는 사진 말고 독사진으로 예쁘게 찍어달라고 해요.

안녕하세요!

아버님이 회사 생활을 하시며 가정에서 놀이 시간이 적다 보니 성민이가 놀이하는 예쁜 모습을 많이 보고 싶으셨던 것 같아요. 기관에서 놀이를 관찰하며 상호작용을 하는 것이 우리 성민이가 많이 경험하고 표현하는 것에 큰 도움이 된답니다! 또 놀이 중에 사진을 촬영하는 것이 오히려 놀이 집중에 방해가 되기도 합니다. 놀이 중 안정적인 상황에 잠깐씩 촬영을 하는 부분이라 아버님이 원하는 사진이 전달되지 못할 수 있는 점 어머님께서 전달해 주시면 감사하겠습니다! 성민이가 원하는 놀이에 함께 참여하고 다양한 지원을 하도록 하겠습니다.^^

◦ 놀이를 하는 동안 교사는 아이에게 카메라 렌즈를 들이대는 것이 아니라 눈 마주침을 하는 것이 중요합니다. 학부모님에게 아이와의 교감, 상호작용의 중요성을 이야기 해주세요. 하지만 너무 딱딱하게 전달한다면 서운한 마음부터 들 수 있겠지요? 부모의 요청 사항을 부드럽게 거절하는 것도 노하우가 될 수 있습니다.

7 알림장은 공식적인 글입니다.

반복해서 말씀 드리지만 알림장은 공식적인 글입니다. 교사와 부모가 단 둘이 소통한다고 생각할 수 있지만 실질적으로는 필요에 따라 공유가 되기도 하고 삭제하지 않는 한 저장이 되어 남는 글이란 뜻이기도 합니다. 그렇기 때문에 조금 더 유의하여 작성할 필요가 있습니다. 교사로서 전달하는 알림장의 내용은 누가 보아도 교사 답게 작성해 주세요. 간혹 마음이 상하고, 기분이 나쁜 상황도 있을 수 있겠지만 알림장은 감정을 내려놓고 작성하시는 것이 좋습니다.

1. 누가 읽어도 오해가 생기지 않게 작성합니다.

특히 문제 상황이나 안전 사고와 관련된 내용을 전달 할 때 참고하시기 바랍니다. 아이의 탓으로 돌리거나 책임을 회피하는 것처럼 보여지는 글은 오히려 교사와 학부모의 관계에 부정적인 영향을 미칠 수 있습니다. 상황에 대해 전달을 할 때에는 오해가 될 수 있는 부분이 없는지 확인하는 것이 필요합니다.

놀이를 하다보면, 일과를 보내다 보면 실수도 있을 수 있고 문제 상황이 벌어질 수도 있습니다. 교사로서 최선의 지원과 대응을 하였다는 사실을 함께 전해 주신다면 전달하는 내용에 오해가 줄어들 수 있습니다.

✕ 시아가 놀이하다가 친구를 자주 때리고 할퀴는 행동이 있어서 많이 속상하셨지요?

이렇게 바꾸어 주세요!

시아가 놀이하다가 친구들과 마찰이 있거나 어려움이 있어 부모님 마음이 속상하실 것 같아요. 선생님이 함께 하며 하나씩 배워나가고 있으니 너무 걱정 마시고, 가정에서 많은 관심과 격려 함께 해 주시면 좋겠습니다.

- **놀이를 하는 과정에서 아이들은 자신의 마음을 빠르게 전달하고 해결하고자 하는 상황에서 위협적인 행동을 보일 수 있습니다. 아이의 상황에 대한 전달 없이 단순히 위와 같은 표현으로 시아에 대한 부정적인 행동만을 끄집어 낸다면 교사가 시아에 대한 선입견, 편견이 있다는 오해를 만들 수 있습니다.**

✕ 영민이가 좋아하는 블록을 친구가 만지기만 하면 공격적으로 행동이 변하는 모습이 보여요.

이렇게 바꾸어 주세요!

어머님 우리 영민이가 요즘 자동차를 들고 어린이집/유치원에 간다고 하여서 많이 걱정하시는 것 같아요! 아이들마다 애정을 두는 물건(애착 물건)이 있는 건 당연한 성장 과정입니다. 새로운 환경이 낯설거나 익숙한 공간에서도 어떤 일들로 인해 불안감을 느꼈을 수도 있으니 조금 시간을 두고 기다려 주시면 좋을 것 같아요. 어린이집/유치원에서도 영민이가 빨리 안정을 찾고 다시 놀이에 집중할 수 있도록 도와주겠습니다.

- **아이가 좋아하는 것에 대한 설명과 놀이 상황에 대한 설명없이 행동 반응의 결과만 전달하게 되면, 교사로서 아이에 대한 관심이 결여된 것은 아닌지, 평소 아이에 대한 평가가 부정적이어서 차별을 당하고 있지는 않은지 걱정할 수 있습니다. 아이의 마음에 대한 공감과 교사가 도와주고 있는 부분을 함께 기록해 주시는 것이 좋습니다.**

2. 어미는 통일합니다.

문장의 마무리는 항상 동일하게 하는 것이 읽는 이로 하여금 잘 이해가 됩니다. 친근한 표현으로~했어요라고 표현한다고 해서 문제가 되는 부분은 전혀 없어요. 다만 문장의 마무리는 말을 하는 이의 태도로 여겨지기도 하니 동일하게 해주시는 것이 좋겠습니다. 선생님들 중에 "~했습니다.", "~입니다." 라는 표현이 딱딱하게 느껴진다고 생각하시는 분들도 계시는 것 같습니다. 하지만 오히려 이러한 문체에 더욱 신뢰감을 갖는 학부모도 있습니다. 어떠한 표현이든 내용이 중요하다는 사실을 기억하고 정돈된 문체로 전달해 주시기를 바랍니다.

3. 객관적인 사실을 기준으로 작성합니다. 교사의 감정, 느낌, 수고로움은 작성하지 않습니다.

기관에서의 상황을 전달할 때에는 객관적으로 작성하는 것이 바람직합니다. 교사의 주관이나 생각, 감정 등이 기록되었을 때 부모는 공감을 하기도 하지만 입장 차이로 인해 색안경을 끼고 바라볼 수도 있습니다. 또한 전문가로서의 교사의 모습을 보여주는 것이 필요하므로 보육과정에서 느껴진 감정이나 수고로움을 굳이 기록하지 않기를 바랍니다. 이야기 하지 않아도 학부모는 교사의 업무에 대해 존중하고 존경하고 있다고 생각해 주세요.

✕ **오늘 주말 지내고 와서인지 아이들이 선생님의 이야기를 들어주는 것이 힘들어 보였어요. 선생님도 아이들을 지도하느라 어려움이 많았던 하루였습니다.**

이렇게 바꾸어 주세요!

우리 00반 친구들이 오늘은 선생님보다 하고 싶은 말이 많았던 것 같아요.^^ 주말을 지내고 온 이야기에 웃음소리가 끊이질 않았답니다. 오늘은 우리 친구들의 이야기에 더 많이 귀기울이며 하루를 보냈습니다.

◦ 교사의 힘듦, 어려움을 전달하는 것보다는 아이들이 보여준 행동에 대해 객관적으로 기록한 후, 상황에 대한 교사의 지원이나 가정에서 연계해 도움을 줄만한 내용을 전달하는 것이 훨씬 더 잘 전달됩니다. 월요일에 자주 쓰는 문구인 "주말을 지내고 와서인지" 라는 문구도 개인적으로는 추천하지 않습니다. 가정과 기관에서의 생활을 구분짓는 느낌을 주기도 하고, 가정에서의 일상이 기관에 좋지 않은 영향을 미치는 건 아닌가 하는 의문이 남기도 하기 때문입니다. 주말을 지내고 와서인지, 아이들이 놀이를 더 하고 싶은 마음이었는지 아이들마다의 정확한 이유를 알 수는 없으니까요.

4. 교사의 공감, 수용, 이해는 꼭 전달합니다.

아이의 마음은 부모만큼 교사도 잘 공감한다는 것을 보여주세요. 어쩌면 부모보다 더 많이 수용하고 이해할지도 모르겠습니다. 아이에게서 갑작스러운 불안감이나 변화가 보인다거나, 부모의 협조가 반드시 필요한 상황에 아이의 상황이나 환경에 대해 공감하고 이해하는 모습을 먼저 보여주세요. 아이에 대해 잘 이해하고 있음을 전해 주셔서 부모에게 신뢰를 얻고, 그 후 아이를 위한 대화를 나누어 주시면 좋겠습니다.

✕ 요즘 동생을 봐서 그런지 민감한 모습을 보이고 있어요. 상황을 잘 설명하고 도와주려고 하는데 울기만 하는 지영이의 모습이 속상합니다.

이렇게 바꾸어 주세요!

우리 지영이가 동생을 본 후, 조금은 민감하게 반응하거나 울음으로 표현하는 경우가 많아져 잘 다독이며 생활하고 있어요. 불편한 마음이 들거나, 불안해 하지 않도록 더 많이 표현하고 안아주며 잘 살펴보겠습니다.

◦ 아이를 세심히 관찰하고 변화에 대해 이해하고 도와주려는 마음이 보여지기는 하지만, 교사가 아이의 모습에 감정적으로 지친건 아닌지, 부모로서는 걱정이 될 수 있습니다. 아이에게 도움이 될 수 있도록 가정에서 함께 도와주면 좋을 만한 내용을 전해 주시는 것이 더욱 잘 전달될 것입니다.

8 개별 알림장과 전체 알림장, 반별 공지사항, 투표의 활용

우리 반 아이 한명의 알림장과 전체 알림장은 달라요. 반별로 공지사항이 필요할 때도 있구요.

각각의 형식을 적절하게 활용함으로써 일의 효율성도 높이고 작성 시간도 줄일 수 있습니다.

매번 개인 원아의 내용을 모두 전달하기는 어렵습니다. 또한 항상 전체 알림장을 작성해서 부모가 아이의 기관 생활에 대해 궁금한 마음을 키워나가지 않는지 살펴보는 것도 중요합니다.

협조가 꼭 필요한 사항은 반별 공지 사항이 효과적이며 학부모의 의견을 보기 쉽게 취합하고 정리하는 것은 투표를 활용하는 것이 좋습니다.

1. 개별 알림장

아이의 에피소드, 특별히 전달할 만한 내용이 있다면 작성해 주세요.

우리 현재가 요즘 블록으로 건축물을 만드는 것에 많은 흥미를 보이고 있어요. 특히 오늘은 지난 주에 함께 살펴보았던 세계 여러나라의 문화 유산 책을 보고 피사의 사탑을 표현하는 모습을 보여주었답니다! 우리 현재의 실력에 다들 깜작 놀라 박수를 쳐주었더니, 쑥스러운 듯 미소를 보이는 현재였어요.^^

현재가 관심 가지고 있는 주제에 대해서 함께 이야기를 나누고 블록으로 표현하는 과정을 통해 자신감도 쑥쑥 자라나는 것이 느껴진답니다. 우리 현재가 만든 블록 사진을 보내드리니 가정에서도 함께 보시고 칭찬과 격려 듬뿍 해주시면 좋을 것 같아요!

2. 전체 알림장

평소보다 전송이 늦어질 때에는 이유를 설명하고 알림장을 시작해 주세요.

오늘은 교사 회의가 있어 전체 알림장으로 전달합니다.

다양한 직업을 경험할 수 있도록 교실을 구성하였더니, 우리 미소반 친구들이 자신이 좋아하거나 관심이 있는 놀이를 자유롭게 선택해 활동하는 모습을 보였습니다. 교사는 아이들의 놀이를 살펴보며 필요 시 적절하게 지원을 해줌으로써 직업에 대해 탐색하고 놀이로 표현해 보는 과정이 이루어질 수 있었습니다. 특히 인기가 많았던 소방관, 요리사 놀이! 선생님이 함께 하니 더욱 신이 나서 참여하는 친구들의 모습이었습니다. 친구들이 놀이할 때에는 차례를 지키고 기다려 주는 모습도 보여져 칭찬도 받았답니다. 가정에서도 여러 가지 직업에 대해 이해하고 경험할 수 있는 기회를 제공해 주시면 좋겠습니다.

3. 반별 공지사항

한주를 마무리 하는 금요일, 원에서 가정통신문 자료가 나가는 것과 별도로 우리 반에 해당하는 공지사항을 전달해 주시는 것도 좋습니다.

다음 주 안내사항입니다.

1. 날씨가 많이 추워지고 영유아의 건강 상태 등을 고려하여 다음 주에는 대체활동이 운영될 수 있습니다.
2. 투약을 하는 원아들이 많습니다. 투약의뢰서는 정확히 작성해 주시기 바랍니다.
3. 어린이집/유치원에 등원하는 시간이 늦어지고 있습니다. 일찍 자고 일어나는 습관을 기르기 위해 가정에서 함께 노력해 주세요.
4. 다음 주 화요일에는 소풍을 갑니다. 소풍안내문을 참고하시어 필요한 준비물을 잘 챙겨주시기 바랍니다.
5. 부모 도우미 수요조사서를 보내드립니다. 월요일까지 꼭 작성해 보내주세요!

4. 반별 투표

가정별로 일일이 질문하여 내용을 취합하지 말고 한번에 전달해 주세요. 대신 결과는 원장님과 담임교사만 볼 수 있게 설정하는 것도 잊지 않으시기 바랍니다.

다음 주 지역사회 연계 활동으로 00시장에 방문하고자 합니다.

방문에 대한 찬반 여부와 가정에서 원아가 시장에서 작은 식재료나 물건등을 살 수 있도록 3,000원 정도를 준비해 보내주실 수 있는지 투표를 실시하오니, 금요일 12시까지 투표에 참여해 의사를 전달해 주시면 감사하겠습니다.

투표 결과에 따라 다수의 의견으로 활동을 운영하겠습니다. 더불어 좋은 의견이 있으시다면 댓글을 통해 기재해 주시면 추후 계획에도 반영하겠습니다. 감사합니다.

- 투표 항목1. 00시장 방문에 찬성합니다.
- 투표 항목2. 00시장 방문을 반대합니다.
- 투표 항목3. 3,000 비용을 준비하겠습니다.
- 투표 항목4. 별도의 구매 없이 관찰만 하였으면 좋겠습니다.

투표 실시 결과 방문에 찬성하는 가정과 비용 지출보다는 관찰 위주를 원하는 가정이 많아 계획한 0요일에는 00시장을 방문하되 시장의 다양한 가게를 구경하며 어떤 물건을 사고 파는지 관찰을 하는 과정으로 계획하겠습니다. 투표에 참여해 주신 부모님께 감사한 마음을 전합니다.

◦ 키즈노트를 사용할 때 교사는 본인이 작성한 게시물의 수정이 가능하며 기록이 남지 않습니다. 원장님의 경우에는 모든 교사의 게시물의 수정이 가능하며 역시 수정하였다는 알람과 내용이 학부모에게 다시 전달되지 않으니, 잘못 전달된 내용이 있거나 실수가 있을 경우에는 수정해 주세요.

연령별 알림장 기본과 예시

그럼 지금부터는 본격적으로 연령별 알림장의 기본과 예시를 살펴보도록 하겠습니다. 연령마다 학부모가 중점을 두고 보는 부분과 소통하는 내용이 조금씩 차이가 날 수 있습니다. 물론 같은 연령이라 하더라도 다양한 조건으로 인해 다를 수 있구요. 평균적인 내용으로 이해하시고, 각 반의 아이들과 부모와의 관계, 성향 등을 고려하여 참고하시면 좋겠습니다.

1 영아반 알림장의 기본

영아반은 신체 및 정서, 언어 반응 등에 대한 내용을 주로 전달하며 기본생활습관에 대한 과정이 부모에게 도움이 됩니다.

1. 만 0세 전달 내용

- 신체 발달 및 움직임
- 교사의 말에 대한 인지, 이해 대응
- 관심을 보이는 놀잇감, 놀이
- 아이의 표정이나 반응에 대한 표현
- 식사, 낮잠, 기저귀 갈이 등에 대한 일상적 양육

안녕하세요! 씨앗반 교사입니다.

우리 씨앗반 친구들과 함께 이번 주는 감각을 활용한 놀이를 하고 있어요.

선생님이 놀잇감을 탐색하는 모습에 관심을 보이며 따라하거나 내가 좋아하는 놀잇감을 관찰하기도 합니다. 선생님이 놀잇감의 색이나 모양, 촉감, 움직임 등을 재미있게 표현해 주니 교사의 말에 귀를 기울여 반응하기도 하네요! 선생님이 들려주는 동요에 몸을 들썩이기도 하는 우리 씨앗반 친구들과 오늘도 즐거운 하루를 보낼 수 있었답니다!

오늘 점심으로 나온 달걀찜 반찬을 맛있게 먹어보았어요. 반찬만 먹고 밥이나 국을 먹지 않으려는 친구들도 있어 개별적으로 격려하며 도움을 주었답니다. 골고루 먹어야 건강해진다고 이야기도 해주었어요.

낮잠을 자며 뒤척이지는 않는지 건강 상태도 살펴보며 숙면을 취할 수 있도록 도와주었습니다.

오늘 OO이는 묽은 변을 보았어요. 3번 정도 변을 보았는데 기저귀 갈이를 하는 동안 아파하거나 불편한 내색을 표현하지는 않았지만 가정에서도 살펴봐 주시고 필요한 경우, 약을 먹으며 상황을 지켜보는게 좋을 것 같습니다.

우리 OO이와 건강한 모습으로 내일 만나겠습니다. OO이와 평안한 밤 되시길 바랍니다.

감사합니다! ^^

2. 만 1세 전달 내용

- 언어 표현의 발달 과정
- 인지 발달에 관련된 내용
- 일상생활습관에서 스스로 하기 시작하는 부분
- 좋아하는 놀이와 놀이하는 모습
- 안전과 관련된 내용

안녕하세요! 언제나 환한 미소를 보여주며 즐겁게 생활하는 열매반 친구들과 오늘도 씩씩하게 하루를 시작해 보았습니다.

선생님이 인사를 건네니 "안녕" 하고 함께 인사를 하네요! 아직은 정확하지 않은 발음이지만, 함께 인사를 나누는 모습을 칭찬해 주고, 즐겁게 아침을 맞이할 수 있었습니다.

OO이와 가방을 정리해 보았어요. 이제는 내 자리도 알고 스스로 가방을 정리하려고 합니다. 잘 꺼내어지지 않자 울음을 보이기도 했지만, 선생님이 옆에서 도와주며 잘 했다고 이야기 해주었답니다.^^ 가정에서도 스스로 시도하는 과정을 격려해 주시고, 기회를 자주 제공해 주세요!

요즘 우리 OO이는 공 놀이를 정말 좋아합니다. 오늘도 좋아하는 파랑색 공을 꺼내와 선생님에게 굴려줍니다. 선생님이 공을 받으며 넘어지는 시늉을 하니 까르르 소리내어 웃어 보입니다. '공이 데굴데굴 친구에게 굴러가고 있네~' 하고 이야기를 해주었더니 일어나 성큼성큼 걸어가 공을 잡고는 씨익 웃어 주네요.^^ 이제는 걸음마를 하거나 달리기를 하며 예전보다 정확하게 움직이고 넘어지지 않고 중심도 잘 잡기 시작하는 모습입니다.

우리 열매반 친구들이 놀이를 하며 높은 곳에 올라가는 행동에 관심을 가지기 시작했어요. 책상이나 교구장은 놀이를 하는 공간이 아니라고 이야기를 해주고 있답니다.

대신 오르고 내리는 놀이는 신체 놀잇감이나 놀이터에서 충분히 할 수 있도록 지원하고 있어요. 가정에서도 안전에 대한 약속을 잘 지킬 수 있도록 함께 알려주세요.

우리 열매반 친구들과 행복한 저녁 되시기 바랍니다. 감사합니다!

3. 만 2세 전달 내용

- 1세에 비해 놀이에 학습(배움)에 대한 내용 추가
- 어린이집/유치원에서의 약속과 이행 정도
- 놀이나 활동에 몰입하는 정도, 수준, 분야
- 교사가 지원하는 부분
- 친구와의 놀이, 관계
- 놀이 중심 보육과정에 대한 이해

2학기가 되니 더 적극적으로 자신의 생각을 표현하는 우리 햇살반 친구들! 오늘도 즐겁게 하루를 보낼 수 있었습니다.

교실에 부착한 다양한 주제의 놀이 그림에 관심을 가지고 모방을 하기도 하고 단어나 문장을 사용해 자신의 경험을 이야기 하기도 합니다. 선생님과 함께 보는 동화책의 내용을 잘 알고 그림을 가리키기도 하네요!

이번 주 색과 모양에 대해 경험하고 놀이하고 있습니다. 우리 햇살반 친구들은 자동차 바퀴에 대한 관심이 높은 것 같아요. 여러 가지 색으로 바퀴 그림에 끼적이기도 하고, 자동차의 이름을 말하기도 합니다. 어린이집/유치원 버스 그림을 가장 좋아하는 우리 00이는 노랑색으로 끼적이며 "버스, 나 탔어요."하고 표현해 주었답니다! 이제는 문장으로 생각을 이야기 할 수 있는 우리 00이랍니다.

오늘은 클레이 놀이도 관심을 가지는 모습이었어요. 선생님이 모양 틀로 클레이를 찍어내자 우리 00이도 다가와 여러 가지 모양틀을 유심히 살펴본 후 하트 모양으로 클레이를 찍어냅니다. 울퉁불퉁한 모양이 나오자 "다시, 다시할 거야"하고 여러번 시도하는 우리 00이입니다. 선생님이 옆에서 지켜만 보아도 기분이 좋은가 봐요. 다 만든 하트 클레이를 다시 둥글리며 동그란 모양을 만들어 소꿉놀이를 하기도 하였습니다.

친구들이 다가오면 긴장하던 모습을 보이기도 했는데, 새학기가 되며 친구들에게 먼저 다가가거나 함께 놀이를 하는 것도 잘 받아들이는 모습이 보여집니다.

우리 햇살반 친구들이 이번 주 흥미를 보이는 색과 모양에 관련된 놀이를 한주 더 계획해보려고 합니다. 아이들이 흥미를 보이는 주제를 연계하여 다음 주 계획과 함께 놀이를 진행하면 놀이를 통해 더 많은 배움과 즐거움을 경험할 수 있을 것 같습니다!

하원을 하며 볼 수 있는 다양한 색과 모양을 아이들과 함께 이야기 나누어 주세요. 우리 아이들이 어떤 것에 관심을 가지고 좋아하는지 알 수 있게 됩니다.

내일도 씩씩한 모습으로 만나요! 우리 햇살반 친구들과 좋은 저녁 되시기 바랍니다. 감사합니다.

2 유아반 알림장의 기본

만 3세가 되면 유아반으로 편성이 됩니다. 1:15의 원아를 대상으로 매일 작성하기는 어렵습니다. 기관에서는 주 단위로 전달을 하며 반 전체 상황에 대해 안내하고 세부적인 내용은 유선 상담 등을 통해 전하는 것이 바람직 합니다.

4. 만 3세 전달 내용

- 놀이를 통한 배움의 과정
- 구체적인 주제에 대한 지원과 아이의 관심, 반응
- 추가적인 지원을 위한 계획과 놀이 중심 보육과정의 연계
- 가정에서 함께 지도해야 하는 내용

안녕하세요! 지구반 교사 000입니다.

이번 달 주제인 생활도구에 대해 우리 지구반 친구들이 다양한 놀이를 통해 경험하고 있습니다. 과거의 생활도구부터 현재, 미래에 이르러 변화하고 있는 과정은 대그룹 활동 시간에도 배워보고, 놀이 시간을 통해 직접 만들거나 구상하기도 하는 지구반 친구들입니다.

여러 가지 재료를 활용해 만드는 과정에서 우리 친구들의 창의성, 상상력이 탄탄해 지고 만든 놀잇감을 서로 활용하고 대화를 하며 생각주머니도 더욱 커지고 튼튼해 진답니다.

새롭게 배우고 있는 세계의 발명품에 대한 관심도 최고!

주초에는 우리 나라의 발명가와 발명품에 알아보았습니다. 이순신의 거북선, 장영실의 해시계, 정약용의 거중기 등 다양한 생활도구에 대해 이해하고 감사한 마음을 느껴 볼 수 있었습니다. 작은책 만들기 활동 자료도 먼저 관심을 보이며 친구들과 함께 만들어 보기도 합니다. 내일 부터는 세계의 발명가와 발명품에 대해서도 제공해 줄 계획입니다.

우리 친구들과 가정에서 관련된 내용의 미디어나 동화책등으로 먼저 경험한다면 놀이 과정에 많은 도움이 될 것 같습니다.

주말을 이용해 박물관 등을 방문해 보아도 좋을 것 같아요. 아이들이 궁금해 하고 관심을 가지는 것을 직접, 간접적으로 체험함으로써 유익한 도움이 될 것입니다.

요즘 한글에 관심을 보이는 친구들이 있어 다양한 표현을 따라 써볼 수 있도록 글자 카드와 문장 카드를 함께 지원하고 있답니다. 가정에서 사용하는 생활도구에 이름을 붙여 주시면 어떨까요? 이번 달 놀이 주제와 연계되어 더 빠르게 습득하고 이해할 수 있을거라 생각이 됩니다.

생각이 쑥쑥 자라나는 우리 지구반 친구들에게 유익한 놀이 과정을 계획하겠습니다.

다음 주에도 반짝이는 눈으로 함께 놀이하고 즐겁게 생활해 보겠습니다. 우리 지구반 친구들과 즐거운 주말 되시기 바랍니다. 감사합니다.

5. 만 4, 5세 전달 내용

- 학습과 규칙에 대한 내용과 수행 정도
- 유아에게 필요한 지원과 가정과의 연계
- 구체적인 주제에 대한 지원과 아이가 주도하여 놀이하는 모습
- 추가적인 지원을 위한 계획과 아이의 반응
- 학습과 관련된 내용

안녕하세요! 혜성반 교사 000입니다.

2학기가 시작되며 더욱 의젓한 모습을 보여주고 있는 혜성반 친구들입니다.
이번달 주제인 직업에 대해서는 적극적으로 관심을 표현하며 놀이하고 있답니다.

덕분에 선생님도 우리 친구들이 좋아하는 직업, 관심을 가지고 있는 일에 대해서 알 수 있었어요. 친구들과 모여 인기 있는 직업 그래프도 만들어 보고, 내가 하고 싶은 일에 대해서도 다양하게 표현할 수 있었습니다.

우리 혜성반 친구들과 함께 직업에 대해 좀 더 깊이 이해하고 경험할 수 있도록 지역사회 연계활동으로 우체국, 경찰서, 소방서 등 우리 동네의 다양한 기관을 방문해 보려고 합니다. 바깥 놀이 시간을 활용해 혜성반 친구들과 다녀오겠습니다. 오전의 컨디션 등으로 참여가 어렵다고 생각되시는 경우에는 미리 전달해 주시면 개별적으로 배려하겠습니다.

미래의 직업에 대해서도 관심을 보이며 지난 달 놀이 주제였던 발명가를 떠올리며 여러 가지 직업과 물건을 상상해 놀이로 표현하는 혜성반 친구들이에요.

친구들마다 관심을 가지고 있는 분야가 다양해서 서로의 생각을 이야기 하기만 해도 시간이 부족할 정도랍니다!

대그룹 활동 시간에는 우리 친구들과 다양한 일과 직업을 서로 문제 내어 맞혀 보았어요. 우리 혜성반 친구들의 아이디어로 함께 하게 된 놀이에 대한 반응과 집중력에 깜짝 놀랐답니다.

혜성반 친구들의 직업 사전도 만들어 보기도 하였어요. 가정에서도 우리 친구들이 관심을 가지는 분야에 대해 함께 이야기를 나누어 보고 필요한 정보를 책이나 미디어 등으로 찾아볼 수 있도록 도와주세요.

도서관에 방문해 함께 책을 읽어보는 시간도 도움이 될 것 같습니다.

아이들의 생각에 관심을 가지고 대화를 나누다 보면 그동안 몰랐던 것도 알게 됩니다.

저녁 식사 후, 아이들이 어떤 생각을 가지고 있는지 대화해보는 건 어떨까요?

내일도 우리 혜성반 친구들과 벌어질 놀이의 장이 기대가 됩니다.

우리 친구들과 편안한 밤 되시기 바랍니다. 감사합니다!

그 밖에 새로운 사례를 원하는 경우, 출간 이벤트 내용을 참고해 요청해 주세요!

kidsnote [키즈노트] 스마트 알림장을 사용한다면?

키즈노트를 사용하는 경우, 일반적인 경우가 아닌
장애 영유아, 다문화, 외국인 가정과의 소통을 좀 더 원활하게 할 수 있습니다.

1. 장애 영유아의 알림장

장애 영유아의 경우 장애에 따라 지도와 관리가 다를 수 있습니다. 해당 원아의 상황과 수준을 이해하고 적절한 도움을 주고 있음을 안내해 주시기 바랍니다. 또한 기본적인 생활도 같은 연령의 원아 대비 더 세심하게 지원해야 하므로, 키즈노트의 생활 기록 메뉴를 활용하여 식사 및 수면, 배변 상태 등을 전달해 주시는 것도 도움이 될 수 있습니다. 알림장의 내용을 통해 아이가 어려워하는 부분에 대해 전달해 주시고, 가정과 연계하여 지도할 수 있는 부분과 장애 영유아가 치료를 받는 기관에서 전달하는 내용도 함께 소통하는 것이 좋겠습니다.

2. 다문화, 외국인 가정의 알림장

다문화 가정, 외국인 가정과도 편리하게 소통할 수 있도록 키즈노트에는 번역기능이 있습니다(앱 관리 ⇨ 번역 기능 설정). 키즈노트에는 현재 130여 개의 다양한 언어를 지원하고 있으며, 교사가 전달하고자 하는 내용을 정확히 전달하고 부모가 요청하는 내용도 정확히 이해하여 소통할 수 있도록 필요시 활용하는 것도 좋은 방법입니다.

다문화 가정, 외국인 가정에서는 아이가 한국어 소통에 있어서 교사의 말을 잘 이해할 수 있는 수준 인지, 또래와 편견 없이 잘 지내고 있는지, 놀이에 잘 참여하고 기본 생활 습관을 잘 배워가는지 등에 대한 궁금증이 있을 수 있습니다. 가정과 아이의 상황에 따라 중요하게 생각하고 궁금해 하는 내용이 다를 수 있으므로 다문화 가정, 외국인 가정의 경우에도 놓치는 부분 없이 소통을 해야 합니다. 직접 대화를 하는 부분이 어렵다면 전달해야 할 내용을 알림장을 통해 미리 안내하는 것이 도움이 됩니다.

상황별 알림장 예시

1 평소 일반적인 상황 - 영유아의 일일 에피소드

사실 교사가 보기엔 매일 비슷한 놀이가 이루어지고, 정해진 시간에 하는 것들에도 특별할 것 없는 하루일 수 있지만 학부모는 알림장의 사진과 내용을 기다리곤 합니다. 아이들과의 하루 일과를 보내다 보면 개인 원아 한명의 자세한 이야기를 모두 담아낼 수 없는 것이 당연합니다. 매일 상세히 기록하지는 않더라도 주기적으로 아이의 에피소드를 담아 주시면, 아이와 학부모에게 즐거운 추억 하나를 선물해 주는 것이랍니다. 너무 부담이 되지 않는 선에서 전달해 주세요. 학기 초에 정확한 기준을 세워 평균치를 유지하는 것이 중요합니다.

알림장	부모의 생각
안녕하세요! 00반 교사입니다. 오늘 우리 00반 친구들은 블록 놀이와 동물 놀이를 즐겁게 했답니다! 점심시간에 나온 콩나물도 맛있다고 표현하며 냠냠 잘 먹어주었어요. 우리 00반 친구들에게 키도 쑥쑥 잘 자라겠다고 이야기 해 주었습니다. 오늘은 기린 놀이터에 놀러갔어요. 우리 00반 친구들은 미끄럼틀도 타고, 그네도 타고 신나게 놀이했답니다. 넘어지지 않도록 조심하기로 약속도 해보았어요. 어린이집/유치원에 돌아와 지금은 쿨쿨 낮잠을 자고 있답니다. 잘 자고 일어나 오후도 즐겁게 보내고 하원하겠습니다.	'○○이도 놀이를 함께 한건가? 집에서는 별로 안좋아하는 것 같은데...' '○○이는 콩나물 안 먹는데, 어떻게 먹었지? 눈치 보였나?' '○○이 감기 기운이 있었는데, 놀이터 다녀와서 더 심해진 것 같아' '오늘 무릎에 상처 난게 놀이터에서 넘어진거 아닌가?' '낮잠 잘 때 아직도 칭얼 댄다고 하셨는데, ○○이 오늘은 잘 잔 건가?'

◦ 어떠세요? 하나의 알림장에 학부모는 수도 없이 질문을 쏟아낼 수 있어요. 물론 모든 학부모가 그렇다는 건 아니지만 보통 교사가 전달하는 내용에 부모는 자신의 아이의 상황을 연결시켜 생각하기 때문에 궁금한 점이 생길 수 있습니다. 모든 질문에 답을 할 수 있도록 알림장을 세세히 작성하기는 어려워요. 알림장으로 전달하지 못한 사항은 하원, 혹은 유선으로 전달할 수도 있고 주기적으로 개인 원아의 일과를 함께 기록해 보내주시는 것도 좋겠습니다.

알림장	부모의 생각
안녕하세요! ○○반 교사입니다.	
오늘 우리 ○○반 친구들은 블록 놀이와 동물 놀이를 즐겁게 했답니다!	
우리 ○○이는 토끼 머리띠를 쓰고 깡충깡충 뛰면서 선생님 손을 잡고 교실 이곳 저곳을 다녀보았어요. 이젠 점프도 높~이 할 수 있는 ○○이에요!	'○○이도 놀이를 함께 한 건가? 집에서는 별로 안 좋아하는 것 같은데...' ➔ 아! ○○이는 어린이집/유치원에서는 놀이하는 모습이 다른가 보다. 토끼 놀이도 좋아하는 구나.
점심시간에 나온 콩나물도 맛있다고 표현하며 냠냠 잘 먹어 주었어요. ○○이는 학기 초에는 콩나물을 뱉어내거나 먹지 않았는데, 친구들이 잘 먹는 모습을 보더니 콩나물 하나를 집어 입에 쏘옥 넣고는 "선생님, 이것봐" 하고 이야기 하네요.^^	'○○이는 콩나물 안먹는데, 어떻게 먹었지? 눈치 보였나?' ➔ '어머, 우리 ○○이 선생님을 정말 좋아하나 보다. 콩나물도 먹어보고, 기특한 걸'
우리 ○○반 친구들에게 키도 쑥쑥 잘 자라겠다고 이야기 해 주었습니다.	
오늘은 기린 놀이터에 놀러갔어요.	
○○이가 감기 기운이 있는 것 같아 물어보았는데 나가서 놀이하고 싶다고 이야기 해서 목도리, 장갑, 모자 꼭 착용하고 함께 나갔답니다.	'○○이 감기 기운이 있었는데, 놀이터 다녀와서 더 심해진 것 같아' ➔ '선생님이 잘 알고 배려해 주셨구나'
우리 ○○반 친구들은 미끄럼틀도 타고, 그네도 타고 신나게 놀이했답니다. ○○이는 친구가 타고 있는 시소를 타고 싶었는지 뛰어가다가 쿵 하고 넘어졌어요. 약을 발라주며 넘어지지 않도록 조심하기로 약속도 해보았어요.	'오늘 무릎에 상처 난 게 놀이터에서 넘어진 거 아닌가?' ➔ '놀이할 때 다치지 않게 조심하자고 이야기 해주어야 겠다.'
어린이집/유치원에 돌아와 지금은 쿨쿨 낮잠을 자고 있답니다. 우리 ○○이도 이제는 선생님이 토닥여 주면 금방 편안해 하는 모습을 보여주네요. 오늘은 평소보다 조금 일찍 잠들었습니다.	'낮잠 잘 때 아직도 칭얼 댄다고 하셨는데, ○○이 오늘은 잘 잔 건가?' ➔ '많이 좋아졌나보다. 다행이야. 선생님이 애 많이 쓰신 것 같아.'
잘 자고 일어나 오후도 즐겁게 보내고 하원하겠습니다.	

◦ 예시로 드린 내용이지만 너무 길어진 알림장 내용에 '어떻게 이렇게 매번 쓰니?'하고 생각하시진 않을까 싶어요. 매일은 아니지만, 1~2주에 하루 정도는 혹은 알림장 내용 중 하나의 에피소드 정도를 함께 담아주시면 학부모는 교사의 지원, 아이에 대한 관심과 애정 등을 더 깊이 이해할 수 있고 소통을 하는데에도 더 안정적으로 관계를 유지할 수 있을 거예요. 알림장에 전반적인 우리반 일과를 전달하며 오늘 ○○이에게 있었던 에피소드 하나씩 같이 적어보는 건 어떨까요?

1. 사례1. 놀이를 했어요.

이런 경우에는?

오늘 우리 00반 친구들은 볼풀공 놀이에 흥미를 많이 보였습니다.

볼풀공을 굴리고 던지며 놀이하기도 하고, 색스티커를 붙여 꾸며주기도 했답니다.

우리 00반 친구들은 오늘 바깥 놀이를 갈 때에도 볼풀공을 가지고 가고 싶어해서, 놀이터에 갈 때에도 바구니에 담아 가지고 나가서 신나게 놀이할 수 있었어요!

이렇게 바꿔볼게요!

오늘 우리 00반 친구들은 볼풀공 놀이에 흥미를 많이 보였습니다.

볼풀공을 굴리고 던지며 놀이하기도 하고, 색스티커를 붙여 꾸며주기도 했답니다.

우리 지호는 볼풀공에 눈 스티커를 붙이고는 "선생님 예뻐요?" 하고 물어보기도 하네요.^^ 지호가 예전보다 다양하게 표현하고 선생님과 대화하는 것을 많이 좋아하는 모습이 보인답니다.

우리 00반 친구들은 오늘 바깥 놀이를 갈 때에도 볼풀공을 가지고 가고 싶어해서, 놀이터에 갈 때에도 바구니에 담아 가지고 나가서 신나게 놀이할 수 있었어요!

◦ **함께 놀이한 놀이에 아이의 반응을 함께 적어주면 보다 아이의 모습을 생생하게 상상할 수 있습니다. 놀이하는 모습을 연상하며 즐겁게 참여하는 모습에 안심을 하고 기대를 하게 됩니다. 형식적인 관계를 유지하는 것이 아니라 교사와의 소통에 보다 협조적인 태도를 가질 수 있어요.**

2. 사례2. 행사에 참여했어요.

이런 경우에는?

오늘은 화전 만들기 행사가 있었어요! 우리 ○○반 친구들은 앞치마를 두르고 손을 깨끗이 씻은 후 자리에 앉아보았어요!

선생님과 봄꽃에 대해 이야기를 나누어 보았어요. 그동안 함께 살펴본 봄꽃과 곤충 이름도 척척! 잘 대답해 주었답니다.^^

우리 ○○반 친구들과 식용꽃의 색과 향, 모양을 탐색한 후 화전을 만들어 맛있게 먹어보았답니다.

이렇게 바꿔볼게요!

오늘은 화전 만들기 행사가 있었어요!

우리 영준이가 특히나 좋아하는 요리실습시간.^^ 콩콩 뛰며 즐거워 하는 모습이 정말 사랑스러웠답니다.

우리 00반 친구들은 앞치마를 두르고 손을 깨끗이 씻은 후 자리에 앉아보았어요!

선생님과 봄꽃에 대해 이야기를 나누어 보았어요. 그동안 함께 살펴본 봄꽃과 곤충 이름도 척척! 잘 대답해 주었답니다^^

우리 00반 친구들과 식용꽃의 색과 향, 모양을 탐색한 후 화전을 만들어 맛있게 먹어보았답니다. 영준이는 몇 번이나 엄지를 들어보이며 정말 맛있게 잘 먹어주었어요! 가정에서도 함께 만들어 보시면 좋아할 것 같아요^^

◦ **다 같이 함께 참여하는 행사이지만, 우리 00이가 어떻게 참여했는지 궁금할 수 있는 부모의 입장을 배려하여 아이의 반응을 중간 중간 넣어 주시면 친구들과 함께 지내는 우리 아이의 모습을 잘 알 수 있어요. 아이가 우리 원에서 어떻게 지내고 있는지 이해할 수 있습니다.**

3. 사례3. 공원으로 소풍을 다녀왔어요.

이런 경우에는?

오늘은 ○○공원으로 소풍을 가는 날!

○○반 친구들은 등원하면서부터 설레여 하는 모습을 보였어요. 버스를 타고 이동하며 주변의 자연을 살펴보기도 하고, 동요를 불러보기도 하였어요.

공원에 도착해 식물원을 둘러보고, 자유롭게 놀이해 보았어요. 우리 ○○반 친구들은 선생님과의 약속을 잘 기억하고 안전하게 놀이하는 모습을 보여주었어요.

귀원 후 조금 피곤한지 우리 ○○반 친구들 금세 잠이 들었어요. 푹 자고 일어나 오후 일과를 보낸 후 하원하겠습니다!

이렇게 바꿔볼게요!

오늘은 ○○공원으로 소풍을 가는 날!

○○반 친구들은 등원하면서부터 설레여 하는 모습을 보였어요. 버스를 타고 이동하며 주변의 자연을 살펴보기도 하고, 동요를 불러보기도 하였어요. 은이는 "선생님! 저는 나비야 노래 부르고 싶어요" 하고 이야기를 하네요. 친구들과 나비야 동요도 함께 불러보았어요.

공원에 도착해 식물원을 둘러보고, 자유롭게 놀이해 보았어요. 우리 ○○반 친구들은 선생님과의 약속을 잘 기억하고 안전하게 놀이하는 모습을 보여주었어요.

귀원 후 조금 피곤한지 우리 ○○반 친구들 금세 잠이 들었어요. 잠들기 전 뒤척이는 듯 했지만 선생님이 토닥여 주니 금방 잠에 든 은이에요. 푹 자고 일어나 오후 일과를 보낸 후 하원하겠습니다!

◦ 똑같은 일정을 보내도 아이들은 제각기 다른 반응을 보이기 마련이에요. 우리 아이는 어떻게 즐거움을 표현하였는지 일과 후에는 어떤 모습이었는지 한번씩 전달해 주시면 어떨까요? 함께 지낸 일과 안에서 우리아이의 모습을 전달해 주시는 선생님께 감사한 마음이 절로 들 것 같습니다.

2 아프거나 컨디션이 좋지 않은 상태에서 등원을 했어요.

아프거나 컨디션이 좋지 않은 경우, 당연히 가정보육을 하는 것이 아이에게도 도움이 됩니다. 교사도 아픈 친구가 있으면 일과를 운영할 때에 어려움이 적지 않구요. '아픈데 좀 쉬지, 봐줄 사람이 없나?' 하고 생각하는 것보다는 가정에서 상황이 여의치 않아 아이를 기관에 보내는 마음을 이해해 주시는 것이 선생님들의 스트레스 완화에도 도움이 됩니다. 아픈 아이를 보낸 부모가 교사에게 아이의 상태는 어떤지 묻기 전, 먼저 아이의 상황과 교사의 지원을 전달해 주시면 좋겠습니다.

본 알림장을 작성하기 전, 11시 전후에 오전 컨디션을 간단히 전달해 주시면 GOOD!

어머님! 우리 민지가 미열이 있는 상태에서 등원을 해서 많이 염려되실 것 같아요. 다행히 지금은 열이 내려 36.8도 정도 유지하고 있어요. 어제 보다 기침 소리가 좋지 않아서 따뜻한 물 자주 마시면서 놀이하고 있답니다. 제가 옆에서 세심히 살펴보고 있으니 너무 걱정하지 마세요. 민지 컨디션이 나빠지거나 열이 오르면 연락드리겠습니다.

컨디션이 좋지 않은 경우에는 기본 알림장에 우리 아이의 컨디션, 건강 상태와 교사의 지원을 추가로 기록해주세요. 교사의 배려와 개별 전달 내용에 학부모는 안심하고 신뢰하게 될 거예요!

이런 경우에는?

우리 새싹반 친구들이 가장 좋아하는 상자 놀이를 해보았어요! 상자 속에 숨어서 까꿍! 친구들 얼굴 보고 까르르~ 선생님 엉덩이가 흔들흔들 하자 또 까르르~ 웃는 우리 새싹반 귀염 둥이들이랍니다.^^

상자에 물감으로 색칠하는 놀이도 같이 해보았지요. 우리 새싹반 친구들이 요즘 색 놀이에 관심이 많은 것 같아요. 가정에서도 여러 가지 색을 자주 보고 이야기 나누어 주세요! 물감 놀이를 하다가 옷에 묻어서 여벌옷으로 갈아입고 하원합니다. 주중에 사용할 여벌옷을 또 준비해 보내주세요.

오늘 점심 반찬으로 우리 새싹반 친구들이 가장 좋아하는 돈까스가 나왔어요! 너도 나도 맛있게 냠냠 잘 먹었습니다. 기저귀도 시원하게 갈고 꿈나라로 여행을 갔답니다. 감사합니다.^^

이렇게 바꿔볼게요!

우리 새싹반 친구들이 가장 좋아하는 상자 놀이를 해보았어요!

민지는 오늘 컨디션이 좋지 않아서인지 친구들이 하는 모습을 바라보고 있어서, 선생님도 옆에서 친구들이 놀이하는 모습을 이야기 해주었어요.

~~상자 속에 숨어서 까꿍! 친구들 얼굴 보고 까르르~선생님 엉덩이가 흔들흔들 하자 또 까르르~웃는 우리 새싹반 귀염 둥이들이랍니다.^^~~

상자에 물감으로 색칠하는 놀이도 같이 해보았지요.

민지도 물감 놀이는 하고 싶어해서, 같이 붓으로 여러 물감을 칠해보았답니다.

우리 새싹반 친구들이 요즘 색 놀이에 관심이 많은 것 같아요. 가정에서도 여러 가지 색을 자주 보고 이야기 나누어 주세요! 물감 놀이를 하다가 옷에 묻어서 여벌옷으로 갈아입고 하원합니다. 주중에 사용할 여벌옷을 또 준비해 보내주세요.

오늘 점심 반찬으로 우리 새싹반 친구들이 가장 좋아하는 돈까스가 나왔어요! ~~너도 나도 맛있게 냠냠 잘 먹었습니다.~~

민지도 좋아하는 돈까스인데 평소보다는 적게 먹고 국물 위주로 먹었어요. 선생님이 밥도 함께 먹을 수 있도록 도와주자 밥은 한그릇 다 먹을 수 있었어요.

~~기저귀도 시원하게 갈고 꿈나라로 여행을 갔답니다.~~

낮잠을 자면서 마른 기침을 조금 더 하는 것 같아서 옆에서 살펴보고 있어요. 오후 컨디션도 유심히 살펴보겠습니다. 감사합니다.^^

1. 사례1. 오전에 간식 먹은 것을 모두 게워냈어요.

이런 경우에는?

어머님 오늘 00이가 오전에 죽을 잘 먹는 듯 했는데 다 먹고 30분 쯤 지나서 게워내었어요. 옷을 갈아입고 배를 쓰담쓰담 해주니 조금 편안해 보였습니다. 지금은 평소보다 일찍 낮잠을 자고 있어요.

이렇게 바꿔볼게요!

어머님! 오전에 전화드린 후에는 특별히 배가 아프다거나 하는 표현은 하지 않았어요.

그래도 평소 컨디션과 다르지 않은지 유심히 살펴보고 지내고 있답니다.

혹시 힘들어 하거나 안색이 좋지 않으면 다시 연락드릴게요!

점심은 국물과 밥 위주로 천천히 먹을 수 있는 만큼만 먹어보도록 도와주었어요. 따뜻한 물도 마시며 쉴 수 있도록 살펴주었답니다.

오늘은 피곤한지 조금 일찍 잠들었어요. 오후에도 00이의 건강과 컨디션을 살펴보고 전달드리도록 하겠습니다. 요즘 장염이 유행이라고 해요. 혹시 모르니 우리 00이가 힘들어 하지 않도록 하원 후에 병원에 가서 진료를 받아보시면 좋을 것 같습니다!

- 아이가 아플 때는 항상 긴장을 해야 합니다. 언제 급박한 상황으로 바뀔지 모르는 일이니까요. 평소와 다른 건강 상태를 보일 때에는 부모님에게 우선적으로 전화 연락을 드려야 합니다. 평소 알림장을 16~17시 사이에 보낸다 하더라도 아픈 아이에 대한 알림장은 평소보다 조금 더 시간을 내어 구체적으로 전달해 주시는 것이 도움이 될 수 있습니다.

2. 사례2. 휴식매트에 누워 있고, 자꾸 쳐지는 것 같아요.

이런 경우에는?	이렇게 바꿔볼게요!
00이가 오늘은 피곤하다는 표현을 자주 하네요. 휴식매트에서 쉴 수 있도록 이야기를 해주었더니 매트위에서 누워있다가 금방 잠에 들었어요. 낮잠이불을 펴주어 푹 잘 수 있도록 도와주었어요. 낮잠 후 놀이를 잘 할 줄 알았는데, 기운이 없어 보여요. 가정에서 한번 더 살펴봐 주세요!	00이가 평소 좋아하는 놀이를 하지 않고 친구들을 지켜보거나 교사에게 다가와 피곤하다고 표현을 자주 했어요. 쉬고 싶다고 이야기를 해서 휴식매트에서 쉴 수 있도록 도와주고 곁에서 00이의 건강을 살펴보았습니다. 00이가 10여 분 정도 이야기를 하다가 금방 잠에 들어 낮잠이불을 덮어 주었어요. 40분 정도 자고 일어나 늦은 점심을 먹고 친구들이 자는 동안 선생님과 조용한 놀이를 해보았어요. 오후에도 컨디션이 좋지 않은 것 같아요. 밥도 평소보다 적게 먹고, 말수도 줄어 걱정이 됩니다! 조금 더 살펴보고 전화로 자세히 전달드리도록 하겠습니다.

◦ 아프고 힘든 아이를 기관에 보내는 부모의 마음을 헤아려 주세요. 어쩔 수 없는 상황에 보낸 아이를 부모의 마음으로 잘 보살펴 주었다는 내용의 알림장에 부모는 감사한 마음과 안심이 되는 마음을 가지게 될 것입니다. "아픈 아이를 왜 보내는 걸까?" 가 아니라 "상황이 여의치 않아 아이를 보냈을 테니, 아픈 아이의 상황을 평소보다 잘 살펴보고 전달해드려야겠다" 라고 생각해 주세요!

3. 사례3. 투약을 했는데도 열이 오르기 시작하고 안색이 좋지 않아요.

이런 경우에는?	이렇게 바꿔볼게요!
어머님 보내주신 투약의뢰서의 내용대로 시간에 맞게 투약을 했는데, 열이 오르기 시작합니다. 안색도 좋지 않아, 연락을 드렸는데 바쁘신지 통화 연결이 되지 않아서 알림장으로 다시 전달드립니다.	어머님! 통화 연결이 되지 않아 알림장 전달드립니다. 등원 시 전달해 주셔서 00이의 컨디션을 살펴보며 일과를 보냈어요. 오전에는 크게 힘든 모습을 보이지 않았습니다. 투약의뢰서의 내용대로 투약을 하였고, 투약한지 30분 경이 지나면서 서서히 미열을 보이기 시작했어요. 1시간이 지난 시점에 37.8도가 되며 힘들어 하는 모습을 보이고 있어요. 옆에서 더 열이 오르지 않는지 살펴보고 있지만, 어린이집/유치원에서 남은 일과를 보내는 데에는 어려움이 있을 것 같아 연락드립니다. 확인하시면 전화 부탁드릴게요!

- 아이가 다치거나 아파서 긴급히 전달을 해야 하는데, 간혹 학부모와 통화가 잘 되지 않는 경우가 있을 수 있어요. 알림장을 통해 전달하지 못한 내용을 기록한다면 시간이나 상태에 대해 구체적으로 기록해 학부모가 빠르게 내용을 이해할 수 있도록 도와주시는 것이 좋습니다.

3 어린이집/유치원 등원 이후, 컨디션이 나빠졌어요.

크게 아프지 않고 평소와 비슷한 컨디션으로 등원했는데, 갑자기 아이의 상태가 나빠졌다면 우선은 유선으로 전달하는 것이 바람직합니다. 통화가 되지 않을 경우에는 키즈노트로 남겨두어야 겠지요? 영유아의 경우, 건강 상태가 급속도로 악화되는 응급 상황이 발생하는 경우가 있을 수 있어 건강, 컨디션과 관련해서는 교사가 민감하게 반응하는 것이 필요합니다.

? 학부모와 전화 연결이 되지 않았을 경우

!

어머님 안녕하세요! 00반 교사 000입니다.
등원 이후 서준이가 미열이 있는 것 같아 발열 체크를 해보니 37.8도가 나와서 연락드렸어요. 바쁘신지 연결이 되지 않아, 우선 서준이의 컨디션 전달을 위해 키즈노트를 남깁니다. 미열 외에 크게 힘들어 하지는 않지만, 평소 모습보다는 조금 다운되어 있어 살펴보고 있습니다. 점심 이후 콧물과 기침을 약간 보이기 시작하였습니다. 통화 가능하실 때에 연락 부탁드립니다.

1. 사례1. 엄마를 찾으며 울먹이고, 친구랑 자꾸 다투어요.

이런 경우에는?	이렇게 바꿔볼게요!
00이가 기분 좋게 등원하며 놀이를 하다가 간식을 먹은 후부터 엄마를 찾기 시작하네요. 잘 놀이하고 자고 일어나면 엄마가 올 거라고 이야기를 해주어도 계속 울면서 엄마를 찾고, 친구를 밀치거나 짜증을 내는 모습이 자주 보였습니다.	오늘 00이가 기분좋게 등원을 하고 잘 놀이를 했는데, 오전 간식 후부터 기분이 좋지 않은 듯 해 보여 함께 놀이하며 살펴보고 있어요. 평소 친하게 지내는 친구가 다가와도 싫다는 표현을 하거나 교사에게 안겨 엄마가 보고 싶다고 이야기를 하여서 품에 안고 안정이 될 때까지 기다려 주었답니다. 지금은 마음이 좀 풀렸는지, 웃음을 보이기도 하고 좋아하는 컵놀이를 하고 있어요. 항상 활기찬 00이가 오늘은 조금 다른 모습을 보여 평소보다 이르게 알림장을 전달합니다! 가정에서도 우리 00이의 컨디션을 함께 살펴봐 주세요.

- **아이가 힘들거나 아프면 평소보다 민감하게 반응할 수 있어요! 이 때에 아이의 민감한 반응만 전달하면 아픈 아이의 마음을 헤아리지 않는 교사처럼 보일 수 있을 것 같아요. 상황에 대해 아이의 입장을 고려해 전달해 주시고, 현재의 상황까지 부모가 알 수 있도록 세심한 배려를 보여주세요!**

2. 사례2. 오전까지는 괜찮았는데 낮잠을 자면서 앓는 소리를 내요.

이런 경우에는?	이렇게 바꿔볼게요!
00이가 오전에는 평소와 같이 잘 지내주었는데 낮잠을 자는 동안 뒤척여서 잘 자고 있는지 살펴보니 앓는 듯한 소리를 내고 있어요. 미열도 살짝 있는 것 같아요. 오후에 00이가 괜찮을지 염려가 되어 알림장을 보내드립니다.	00이가 평소보다 낮잠을 푹 자지 못하고 뒤척이고 앓는 듯한 소리를 내며 숨소리가 조금 거친 것 같아 연락드렸어요! 어머님 오전까지는 평소와 다름없이 잘 지내주었고, 점심도 평소 먹는 만큼 잘 먹고 낮잠을 잤어요. 낮잠을 자기 전에 열체크 할 때까지는 보통 체온이었는데, 잠에 든지 30분 정도 이후에 힘들어 하는 모습을 보여 열체크를 해보니 37도가 조금 넘어가고 있어요. 38도가 넘으면 해열제를 투약해야 할 것 같습니다. 어머님, 알림장 확인하시면 연락 부탁드리겠습니다!

◦ 아이의 건강, 컨디션이 갑자기 나빠졌을 때, 반드시 유선으로 우선 전달하는 것이 중요합니다. 위의 예시처럼 통화가 연결되지 않았다면 보다 상세하게 내용을 전달해 주시는 것이 필요하겠지요? 기관에서 어떤 상태였는지 잘 알아야 병원에서도 잘 전달하여 정확하게 진단을 받을 수 있기 때문입니다.

그 밖에 새로운 사례를 원하는 경우, 출간 이벤트 내용을 참고해 요청해 주세요!

4 어린이집/유치원에서 다친 경우 알림장을 어떻게 쓸까요?

잘 먹고, 놀고, 싸고, 자고 하원하면 얼마나 좋을까요? 하지만 어린이집/유치원에서 우리 영유아들은 자주 넘어지고, 다칩니다. 어린이집/유치원이라서가 아니라 성장하는 과정에서 자연스럽게 보여지는 것들이지요. 하지만 어린이집/유치원 교사로서 안전에 대한 지도도 중요한 역할 중 하나이기에 아이들이 기관에서 놀이하다 다친 경우, 부모에게 신속하고 정확하게 전달하는 것이 중요합니다.

정말 안타깝고 슬프지만, 기관에서 생기는 사고를 아동학대로 의심하는 경우가 빈번하게 있습니다. 교사가 알고 있는 내용에 대해서는 가감없이 정확하게 전달하고, 미처 알지 못한 내용에 대해서는 사실 확인 후에 전달하는 것이 필요하겠습니다.

또한 다친 상황에 대해 교사가 "죄송합니다" 라고 이야기 하지 않기를 바랍니다. 다치지 않기를 바라는 마음은 어쩌면 부모보다 교사가 더 클지도 모르는 걸요. "죄송합니다" 보다는 "잘 지도하며 살펴보겠다"는 내용으로 전해 주세요. 또한 기관에서는 이러한 사고가 발생할 경우, 부모가 당연히 원장이나 교사에게 사과를 요구하지 않는 것을 교육하고 안내해야 하겠습니다.

영유아는 신체 발달, 주의력 등을 이유로 다치기 쉬운 시기임을 학기 초에 공지합니다.

안녕하세요! 미소반 교사 000입니다.

우리 미소반 친구들과 한 해를 계획하며 설레는 마음으로 놀이를 준비합니다. 신나고 즐겁게 놀이할 우리 미소반 친구들의 모습이 기대됩니다. 더불어 안내해 드립니다. 놀이 중심 보육과정을 운영하여 우리 미소반 친구들이 원하는 놀이를 교사가 지원하고, 그 놀이 안에서 다양한 경험과 배움을 가질 수 있도록 합니다. 또한 발달 과정에 적합한 주제의 놀이도 함께 제공하며 우리 미소반 친구들의 반응과 관심, 수준, 이해 등을 고려해 융통적으로 놀이를 실행해 나가게 될 것입니다.

이와 관련하여 실내외에서 놀이, 일과를 진행하다 보면 예상치 못하게 다치는 경우가 발생할 수 있습니다. 물론 항상 우리 미소반 친구들과 안전에 유의하여 생활하겠지만, 최대한 다치지 않고 잘 지낼 수 있도록 가정에서도 함께 지도해 주시기를 바라겠습니다.

1. 높은 곳에 올라가면 위험해요.

2. 앞을 보고 천천히 걸어요, 빨리 뛰어가지 않아요.

3. 놀잇감, 물건을 던지면 다칠 수 있어요.

4. 선생님, 친구를 때리거나 깨물지 않아요.

위의 네가지 약속은 우리 미소반의 놀이 약속입니다. 아이들의 발달 과정의 특성 상 나타날 수 있는 행동이지만, 함께 생활하는 공간인 만큼 서로 배려하고 함께 지내며 지켜야 할 약속을 잘 배워나갈 수 있기를 바랍니다. 위의 행동이 보여진다면 가정에서도 정확하게 지도해 주시기를 다시 한번 부탁드립니다. 감사합니다.

1. 경미하게 다친 경우

아이의 상처가 경미하여 기관에서 간단히 치료를 할 수 있는 경우에 해당합니다.

하지만 우리는 항상 기관(교사)과 부모의 입장은 다를 수 있음을 기억해야 합니다. "이 정도는 가벼운 상처라 다행이야" 라고 생각하는 "정도"에 대한 기준은 다를 수 있습니다. 가벼운 찰과상이라고 해도 부모는 병원에 다녀오기를 바랄 수도 있기에, 기관에서의 대응 방침, 수칙 등은 학기 초에 잘 안내되어야 하고 교사도 이 내용을 숙지해야 하겠습니다(조금 민감한 반응을 보이는 학부모의 경우에는 어떻게 해야 할지 원장님과 상의하시는 것이 좋아요.).

안전 사고와 같은 내용은 유선으로 신속하고 정확하게 안내합니다. 가벼운 상처의 경우에도 전달은 하는 것이 맞습니다. 가벼운 상처가 반복되어 학대로 의심받는 경우도 심심치 않게 발생하기 때문입니다. 사고의 내용은 알림장에 구구절절 작성하지는 않는 것이 좋습니다. 글로 남겨지는 내용이 좋지 않은 내용이라면 유선으로 전달한 내용을 굳이 중복해서 쓰지 않는 것이 바람직합니다.

어머님! OO반 교사 OOO입니다.

우리 해찬이가 놀이터에서 넘어져 무릎에 생긴 상처는 잘 소독하고 연고를 발라주었어요.

해찬이도 울지 않고 상처를 치료하는 동안 잘 기다려 주었답니다. 상처에 물이 닿지 않도록 잘 살펴봐 주세요. 다치지 않고 놀이 할 수 있게 놀이터에서 놀이 할 때 지켜야 할 약속도 함께 이야기 나누어 보겠습니다.

※ 해찬이가 오늘 신고 온 신발이 뛰어 놀이를 할 때 불편한 것 같아요. 끈이 없는 밴드형 운동화를 신겨 보내주세요!

어머님! OO반 교사 OOO입니다.

우리 채린이가 교실에서 가위 놀이를 하다가 손가락 끝이 살짝 베였습니다. 어머님과 연락이 되지 않아서 키즈노트로 전달해 드립니다. 다행히 깊게 베이지 않고 피부면이 살짝 베여 소독한 후에 연고를 발라주었습니다. 밴드를 붙여주었는데, 손을 씻을 때마다 벗겨져 불편하다고 이야기를 해서 하원 전에 다시 붙여주려고 합니다. 가위를 사용할 때에 조심할 수 있게 곁에서 잘 살펴보고 지도하겠습니다.

어머님! 00반 교사 000입니다.

우리 지안이가 계단을 내려오다가 쿵 하고 넘어졌어요. 선생님의 손을 잡고 한계단씩 잘 내려왔는데 마지막에 발이 엇갈려 넘어졌답니다. 선생님이 옆에서 바로 안아 일으켜 세워주었는데, 놀랐는지 울음을 보이기도 했어요(길게 울지는 않고 안아주니 금세 그쳤습니다.). 다리나 엉덩이에 상처가 나지 않았나 살펴보았는데 다행히 멍이 들거나 상처가 보이지 않아요. 이후에도 금방 평소와 같이 놀이하고 있습니다. 컨디션의 변화가 생기면 바로 연락드리도록 하겠습니다.

2. 깊이 다친 경우

아이의 다친 상황이 심각하다고 판단되는 경우, 알림장으로 상황에 대해 전달하는 것은 각별히 조심하고 유의해야 합니다. 또한 모든 정황이나 진행 과정에 대해서 학부모에게 전달하는 내용은 꼭 메모해 두셔야 합니다. 추후에 문제가 될 수 있기 때문에 증빙이 될만한 기록을 남기는 것은 중요합니다. 골절, 화상, 질식, 추락, 삼킴 등의 사고는 기관과 교사의 안전 관리와 깊이 연관이 될 수 있는 부분입니다. 항상 사전에 유의하되 사고가 생겼다면 원장님과 상의한 후, 어린이집/유치원 대응 지침에 따라 신속하게 아이를 아이가 치료를 받고 안정을 취할 수 있도록 즉각 지원해야 합니다.

깊이 다친 경우, 상황에 대해서는 유선 혹은 직접 전달합니다. 또한 다친 이후 일정 기간은 아이와 부모 모두 민감해질 수 있고 사고와 관련해 불안한 마음이 있을 수 있으므로, 사고와 관련된 언급은 알림장으로는 하지 않고 직접 전달하는 것이 바람직하겠습니다. 알림장으로는 추후에 어느 정도 상황이 진정된 후 소통하는 것이 좋습니다.

어머님! 00반 교사 000입니다.

우리 사랑이가 팔을 다친 후, 부모님께서도 많이 놀라고 속상하셨을 텐데 어린이집/유치원에서 치료하는 과정 내내 힘이 되어 주시고 믿어 주셔서 감사합니다. 사랑이가 그동안 팔에 깁스를 하고 생활하는 게 불편했을 텐데 항상 밝은 모습으로 잘 지내주어 사랑이에게도 고마운 마음이 컸습니다. 친구들도 사랑이에게 도움이 필요한지 물어보고 배려해 주며 잘 지낼 수 있었어요. 미끄럼틀에서 놀이하다 다치지 않도록 자주 이야기를 나누고 있어서 이전보다 아이들이 조심하는 모습도 보여지고 있답니다. 깁스를 풀고 등원을 한 사랑이를 보고 모두가 박수를 치며 좋아하네요.^^ 사랑이도 "이제 시원해! 진짜 재밌게 놀아야지" 하며 특유의 눈웃음을 보이며 친구들과 장난스럽게 인사를 합니다. 이제야 마음이 한결 놓이는 듯 합니다. 부모님께서 사랑이의 안부를 전해 주시고 안전 약속에 대해서도 잘 전해 주셔서 감사합니다. 오늘은 사랑이 말대로 시원하게 일과를 보내며 팔이 불편해서 하지 못했던 놀이들도 자유롭게 할 수 있었습니다. 중간 중간 통증이 있는지 살펴보았는데, 이제는 아프지 않다고 이야기를 해주네요. 앞으로도 사랑이와 우리 반 친구들의 안전에 대해 잘 지도하고 살펴보겠습니다. 감사합니다.

지면 자료 외에도 어린이집/유치원에서 다쳤을 경우, 기관에서 대처하는 방법에 대해 학기 초에 전달합니다.

안녕하세요! OO반 교사 OOO입니다.

우리 어린이집/유치원의 안전 사고 대응 과정에 대해 한번 더 안내해 드립니다.

아이들이 안전하게 생활하고, 또한 사고가 있을 경우 정확하고 신속하게 대응할 수 있도록 항상 유의하며 살펴보겠습니다.

1. 사고의 정황과 원아의 상태를 확인하고 119에 신고하여 응급 대처를 함과 동시에 본원의 응급의료 지정 기관인 OOO병원으로 이동합니다.
2. 사고의 정황, 원아의 상태와 이송과정 등에 대해 학부모에게 바로 전달합니다.
3. 원아의 건강이 회복 될 때까지 기관에서 책임을 지고 관리합니다.

※ 학기 초에 보내드린 응급처치 동의서의 내용이 변경된 경우, 바로 전달해 주셔야 수정과 반영이 가능합니다. 아이들의 건강과 안전이 최우선이 될 수 있도록 항상 협조해 주시기 바랍니다.

안녕하세요! OO반 교사 OOO입니다.

우리 어린이집/유치원의 전염성이 있는 질병에 감염되었을 경우 대처방법에 대해 안내해 드립니다. 면역력이 약한 아이들이 함께 생활하는 공간에서 건강하게 지낼 수 있도록 가정에서도 숙지하고 적극 협조하여 주시기 바랍니다.

1. 등원 후 질병 감염이 의심되는 경우, 격리실로 이동하여 하원 시까지 보육합니다.
2. 해당 원아는 가급적 조기 하원을 권고하며, 완치 판정을 받은 후 재등원이 가능합니다.(재등원시 완치 확인서 지참)
3. 감염성이 있는 질병에 걸린 영유아가 발생하면 기관에서는 공지를 통해 해당 사항을 전달합니다.

※ 학기 초에 보내드린 응급처치 동의서의 내용이 변경된 경우, 바로 전달해 주셔야 수정과 반영이 가능합니다. 아이들의 건강과 안전이 최우선이 될 수 있도록 항상 협조해 주시기 바랍니다.

기관에서 발생한 사고 뉴스에 대해서도 주기적으로 전달합니다.

우리 기관의 이야기가 아니더라도 언제 그러한 상황이 생길지 모르므로 항상 주의하고 반영해야 합니다. 위험이 있는 상황에 대해서는 안전 사고를 예방할 수 있도록 관리하고, 현재 우리 반에서는 어떻게 대응하고 있는지 전달하는 것은 신뢰를 줄 수 있습니다.

> 안녕하세요! 00반 교사 000입니다.
>
> 얼마 전 뉴스에서 보도된 어린이집/유치원 낮잠 중에 일어난 영유아 질식사 사고를 보고 학부모님께서도 많이 염려되실 것 같습니다. 우리 00어린이집/유치원에서는 낮잠 중에도 담임교사가 교실을 비우지 않고 영유아의 상태를 수시로 확인하고 있습니다. 우리 햇살반은 낮잠 전 아이들의 건강 상태를 한명씩 세심히 살펴보고, 낮잠 시 아이들 간 이부자리 간격도 적당히 두고 있습니다. 또 아이들이 자다가 이불을 뒤집어쓰거나 엎드려 자지 않도록 도와주고 있습니다. 우리 햇살반 친구들이 건강하게 기관 생활을 할 수 있도록 항상 잘 지도, 관리하겠습니다. 감사합니다.

- **이 때 주의해야 할 사항은 사건의 정황 및 상황에 대해 정확히 이해한 후, 공지해야 한다는 점입니다. 확인 절차 없이 특정 지역, 기관의 이름을 공론화 하여 문제가 된 사례가 여러차례 있으므로 반드시 유의해 주시기 바랍니다. 사건에 대한 내용을 간단히 전달하며 우리 원에서 대응하고 있는 사항에 대해 언급해주시면 충분합니다. 특정 지역, 기관명은 가급적 기재하지 않는 것이 좋겠습니다.**

5 영유아의 문제 상황, 훈육 등의 문제

교사는 바람직한 성장과 발달을 도모하며 문제가 있을 경우, 가정에 전달을 하고 함께 연계하여 영유아의 어려운 점을 도와주고 지원해 주어야 합니다. 그리고 전달을 하는 과정에서 오해나 선입견, 편견이 발생하지 않도록 유의해 주시기 바랍니다.

아이의 문제 행동은 기관에서뿐만 아니라 가정에서도 보여질 것입니다. 보여지는 정도나 수준의 차이가 있을 수 있으니, 가정에서 보여지는 부분에 대해서도 소통하면 좋습니다. 또한 이 과정에서 어떠한 이유에서 문제 행동이 시작되었는지 알 수 있습니다. 문제 상황에 대한 평가, 지적 보다는 앞으로 어떤 방법으로 지원하고 협력할 것인지에 대한 전달이 좋겠습니다.

1. 사례1. 자꾸 위험한 행동을 해요.

문제를 보이는 상황에 대해 전달해 주시며 아이의 상황이나 입장을 대신 전달해 주세요. 나쁜 행동이 아니라, 모르고 하는 위험한 행동임을 알려주시고, 대안을 제시해 주시면 좋겠습니다.

우리 나래가 요즘 들어 물건을 던지는 행동을 자주 보이고 있어요.

지난 주 풍선 던지기 놀이가 재미있었는지, 다른 놀잇감도 던지면서 놀이하는 모습이 보여서 놀잇감을 탐색할 때에 교사가 곁에서 지켜보고 도움이 필요할 때에 알려주고 있답니다.

던지면 다칠 수 있는 물건을 구분하기에 아직 어려울 수 있지만, 가정에서도 함께 이야기 나누어 주셔서 놀잇감의 특성에 따라 놀이를 해볼 수 있는 기회를 마련해 주세요.

나래가 관심을 보이는 놀이이니, 무조건 제한하기 보다는 충분히 던지고 놀이할 수 있는 기회도 많이 제공해 주겠습니다.

2. 사례2. 친구들에게 나쁜 말을 사용해요.

아래의 상황은 사실 상담을 통해 직접 대면하여 논의 하시는 것이 바람직 합니다. 혹은 말의 내용은 생략하고 거친 말을 사용한다는 정도로 전달하시는 것도 좋습니다. 중요한 부분은 나쁜말을 사용한다는 사실이 아니라, 그 행동을 도와주기 위해 가정과 연계해 지도할 수 있는 방법을 전달하는 것임을 기억해주세요!

민준이가 요근래 친구들과 놀이하다가 다소 거친 표현을 하는 모습이 보여져서 이야기를 나누고 있습니다. 나의 마음을 표현할 때에도 상대방을 배려하고 생각하는 과정이 필요하다는 이야기를 듣고 스스로 조금씩 노력하는 모습이 보이기도 합니다. 아직은 습관이 되어 바로 고쳐지기는 어렵겠지만, 함께 관심을 가지고 도움을 준다면 우리 민준이가 충분히 잘 해낼 수 있을 거라고 생각합니다. 유튜브 등 요즘 아이들이 즐겨 보는 콘텐츠에서 바람직하지 않은 표현을 자주 사용하는 것 같아요. 아이들이 보는 콘텐츠, 채널 등의 내용도 함께 살펴봐 주시면 도움이 될 것 같습니다. 잘못된 표현을 지적하는 것은 오히려 아이에게 자극이 되어 더 사용하는 경우가 있으니, 대화 과정에서 자연스럽게 대체할 만한 단어나 문장을 들려주시는 것이 좋겠습니다.

3. 사례3. 오늘 친구를 발로 차서 훈육의 과정이 있었어요.

아이와 일과를 보내며 훈육을 하는 경우도 있습니다. 아이의 올바른 성장과 행동 지도를 위해 필수적인 과정이지만 간혹 아이의 말로 상황이 전달되어 교사-부모간의 오해가 생기기도 합니다. 간단한 훈육의 내용은 알림장으로 전달해 주셔도 좋습니다. 다만, 상황에 대해서 충분히 전달해 주시고 아이와의 훈육 후 격려하고 보듬어 주시며 감정을 나누었던 부분에 대해서도 반드시 기록해주세요!

오늘 현진이는 친구들과 놀이하다가 다른 친구가 실수로 블록을 쓰러뜨리자 화를 내며 친구의 무릎을 발로 차는 행동을 보였답니다. 많이 속상했던 마음은 공감해 주며 자리를 만들어 친구와 함께 대화해 보는 시간을 가져보았어요. 울고 있는 친구를 바라보더니 "미안해"하고 어깨를 토닥이는 현진이었습니다. 순간 감정적으로 흥분해 한 행동이지만 지난주부터 친구를 때리거나 때리려고 하는 모습이 종종 보이고 있어 어머님께도 전달드립니다.

선생님이 현진이를 많이 아끼고 사랑하기 때문에 현진이의 마음을 잘 알고, 또 친구에게 전하는 방법도 알려주고 도와주고 싶어하는 것이라고 전해주세요! 오늘 쑥스러울 수도 있었을 텐데 용기내어 사과한 모습을 칭찬해 주시길 바랍니다. 현진이가 놀이를 하는 과정에 마찰이 있어도 스스로 잘 해결할 수 있도록 지도하겠습니다. 감사합니다.

4. 사례4. 소중한 곳을 만지거나 자위를 하는 행동이 보여져요.

보이지 않았던 새로운 문제 행동의 경우에는 유선으로 상담을 시작하는 것이 좋습니다. 이미 부모에게 상황을 전달하여 지속적으로 행동변화에 대해 대화를 나누는 과정이라면 알림장을 통해 주기적으로 소통을 하는 것이 아주 큰 도움이 됩니다.

1학기 상담을 하며 전달드렸던 다안이의 행동이 아직은 계속되고 있어서 가정에서는 어떠한지 여쭈어 보려고 합니다. 놀이에 싫증을 느끼거나, 낮잠을 자기 전 소중한 곳을 만지는 모습이 보여지고 있어요. 지난 주에는 그러한 행동이 덜 보이는 것 같아서 괜찮은 듯 했는데, 이번 주에는 오히려 더 자주 보여지고 있답니다. 시선을 너무 의식하지는 않도록 자연스럽게 놀이를 함께 해 주거나, 신체 놀이를 활발하게 할 수 있도록 도와주고 있어요. 또 다안이가 낮잠을 자기 전에는 부드럽게 손을 만져주며 잠에 들 수 있도록 하고 있답니다. 가정에서 성과 관련된 동화나 영상을 함께 보는 시간을 마련해 보는 것도 좋을 것 같아요. 물론 잘못되고 나쁜 행동이라고 여기지 않도록 유의해 주시기 바랍니다. 우리 다안이가 신체 활동을 더 많이 하고 놀이에 집중하면 자연스럽게 행동도 개선될 거라고 생각해요. 항상 적극적으로 관심 가져주시고, 함께 해 주셔서 감사합니다. 다음 주 쯤 가정에서는 어떤 변화가 있는지 유선 상담을 통해 이야기 나누었으면 합니다.
고맙습니다.

그 밖에 새로운 사례를 원하는 경우, 출간 이벤트 내용을 참고해 요청해 주세요!

6 신입, 중간 입소 영유아의 어린이집/유치원 적응 문제

학기 초, 학기 중간에 입소하는 영유아에 대해서도 함께 살펴보려고 합니다. 모두 학기 초에 입소하여 학기 말까지 이동 없이 쭈욱 함께 지내면 좋겠지만, 이사나 부적응, 기타 이유로 중간에 퇴소하여 그 자리에 새로운 원아가 입소하는 경우도 있습니다. 신학기 부모와 함께 기관에 들어와 적응하는 시간이 낯설고 교사가 다가오는 것이 불편해 적응이 더디게 진행되는 경우, 부모가 덩달아 불안한 모습을 보이기 쉽습니다. 그렇게 되면 적응 과정이 더 어렵게 되고 이미 적응을 한 친구들에게도 영향을 미칠 수 있습니다. 아이가 있을 때 아이에 대한 이야기를 나누는 것은 바람직 하지 않으니, 조금 더 차분하게 잘 전달될 수 있도록 알림장을 활용해 주세요. 중간 입소 영유아의 경우에도 기존의 친구들과 어색해 하지 않고 잘 지내고 적응하는 모습을 전달하여 학부모 역시 빠르게 기관에 좋은 관계를 맺을 수 있도록 해주세요.

1. 신입 영유아 적응 과정

안녕하세요! 미소반 교사 000입니다.

우리 미소반에 함께 하게 될 친구들이 정말 사랑스럽고 예쁩니다.^^ 매일 아침 인사를 나누며 오늘 함께 할 놀이에 대해 안내하고 자유롭게 탐색하고 놀이하고 있답니다.

오전에 컨디션이 좋지 않은 경우에는 개별적으로 배려하며 일과에 참여할 수 있도록 도와주고 있어요. 혹 가정에서 원아의 상황이 걱정되신 다면 알림장에 문의를 주시거나 12~13시 사이에 전화 주시면 오전 일과에 대해 전달드리도록 하겠습니다.

새학기 적응기간 동안은 아이들이 교사에게 애착을 느끼고 안정적으로 일과를 지낼 수 있도록 더 많이 상호작용을 하며 세심하게 지원을 하게 됩니다. 개별 원아들에 대한 정보가 도움이 될 수있으니 평소 좋아 하는 놀잇감이나 놀이, 습관 등에 대해서 전달해 주시면 좋겠습니다.

새학기 안내 자료에 첨부된 준비물을 한번 더 안내해 드립니다. 아직 준비되지 않은 가정에서는 원활한 일과 진행을 위해 0월 0일 0요일까지 보내주세요.

《새학기 준비물》

1. 색연필 12색, 싸인펜 12색, 스케치북 2권
2. 원에 두고 사용하는 물건 - 치약, 칫솔, 양치컵
3. 매일 사용하는 분량의 기저귀, 턱받이, 빨대컵 등
4. 매주 월요일 - 여벌옷과 낮잠 이불

문의사항이 있으신 경우, 알림장 혹은 유선으로 문의주시면 안내해 드리겠습니다.

이번 주는 새학기 시작하는 첫주간으로 전체 알림장으로 아이들의 일과와 놀이를 전달해 드리고, 개별적인 내용은 유선 통화를 통해 전달드리겠습니다.

아이들이 어린이집/유치원 생활에 흥미를 느끼고 즐겁게 등원할 수 있게 항상 응원해 주시고 격려해 주시기 바랍니다.^^

2. 중간 입소 영유아

안녕하세요! 00반 교사 000입니다.

어린이집/유치원에 들어갈 때 엄마와 떨어지기 힘들어 하는 모습에 걱정되실 것 같아요. 선생님이 다가가 "00이 왔구나! 오늘은 예쁜 머리핀을 하고 왔네" 하고 관심을 보이니 손가락으로 머리핀을 한번더 만져보네요!

친구들이 다가오니 조금 주춤하는 듯 하지만 선생님의 손을 잡고 안정을 취합니다.

오늘은 평소보다 조금 더 빨리 울음을 그치고 선생님을 바라보고 웃어보이네요.^^

00이가 어제 재미있게 놀이했던 아기 인형과 까꿍상자를 주었더니, 열심히 탐색하고 놀이하기 시작해요.^^

아직 많은 말을 표현하지는 않지만, 선생님이나 친구들이 이야기를 하면 바라보거나 간단히 대답을 해주기도 합니다. 천천히 00이의 속도로 적응하고 있으니 염려하지 마세요.^^

저와 친구들 모두 00이를 좋아하는 마음을 놀이를 통해 표현하고 있답니다.^^

00이도 슬그머니 놀잇감을 친구에게 건네어 주는 모습을 보여 "우와 우리 00이 친구한테 놀잇감을 나눠주었구나!" 하고 박수를 치니 함박 웃음을 보이다가 얼굴을 가려요. 부끄러웠나 봐요. ㅎㅎㅎ

웃는 모습이 너무 귀엽고 사랑스러운 00이와 잘 지내고 있답니다.^^ 00이가 바깥 놀이터 가는 걸 정말 좋아하는데, 이번 주에는 폭염으로 바깥놀이가 어려웠어요.

친구들과 00이에게 이야기를 해주고, 기차놀이를 해보았답니다! 기차 안에 들어가 동요를 들으며 유희실을 오가는 놀이였는데, 발로 콩콩 뛰기고 하고 거꾸로 돌아서며 장난을 치는 모습도 보여요.

활발하게 움직이고 친구들과 몸놀이도 하는 모습을 보이며 즐겁게 참여했답니다!

어린이집/유치원에 다닌지 얼마 되지 않아, 우리 00이가 잘 적응하고 있는지 친구들과는 어떻게 지낼지 궁금하실 것 같아요.^^ 다음 주 0요일 00시에 유선으로도 한번 더 전해드리도록 하겠습니다!

등원할 때 00이가 울음을 보이거나 떨어지기 힘들어 해도 엄마가 지금처럼 웃으며 밝은 모습으로 인사해 주시고 기다려 주신다면 00이도 어린이집/유치원이 엄마가 웃으며 보내는 곳이니 좋은 곳이구나 하는 마음이 더 빨리 생겨 이내 씩씩하게 등원하는 모습을 보여줄 거라 생각합니다.^^

저 역시 00이가 등원할 때 힘들지 않도록 00이가 좋아하는 놀이, 편안한 일과를 계획하고 00이의 마음을 헤아리고 공감하는 선생님이 되겠습니다.^^

항상 밝은 모습으로 함께 해 주셔서 감사합니다! 믿고 기다려 주시는 마음에 더욱 힘이 난답니다.^^

그럼 이번 주말도 00이와 행복한 시간 가득하시길 바랄게요!

주말 동안 키즈노트 사진 보시며 친구와 선생님에 대해서도 좋은 이야기 나누어 주세요.^^

다음 주 낚시 놀이도 미리 알려주셔서, 00이가 기대하는 마음을 가질 수 있게 해주세요!

감사합니다!

3. 부적응 영유아

안녕하세요 어머님! 우리 희나가 어린이집/유치원을 쉬다가 다시 등원하면서 어려워 하는 모습이 지속되어 걱정이 많으실 것 같습니다.

부모님께서도 함께 관심 가져 주시고 도와주심에도 아직 희나가 엄마, 아빠와 떨어지는 것이 힘이 든 것 같아요. 속상한 희나의 마음에 귀기울여 주며 공감하는 모습을 보여주며 희나가 다시 잘 적응해 나갈 수 있도록 도와주고 있답니다.

다행히 지난 주보다는 울음 소리도 잦아들고 시간도 조금씩 짧아지는 것 같아요.

선생님이 안아주면 이제는 꼬옥 안아 주기도 합니다. 어린이집/유치원에서는 우리 희나는 아기 인형을 가지고 놀이하는 것을 좋아합니다. 가장 좋아하는 아기 인형이 있는데 놀이할 때 꼭 가지고 다닌답니다! 아기 인형을 토닥여 재워 주는 것도 좋아하고 맛있는 음식을 먹여주는 놀이도 좋아합니다. 선생님이 "인형이 아야하대" 하고 이야기를 하니까 눈이 동그래지며 병원 놀잇감을 가지고 와 열을 재어보는 우리 희나! 조금씩 선생님에게도 마음을 열어가는 것 같습니다.^^

오늘은 친구가 하는 놀이에 관심을 보여 같이 공을 굴리고 받아보기도 했어요. 부끄러운 듯 엷은 미소를 보이는 희나였답니다. 탱탱볼을 튕겨 바구니에 넣는 놀이에도 관심을 가져 친구들과 함께 하면서 즐거운 시간을 보내보았습니다.

오전보다는 오후 놀이 시간에 많이 적극적인 모습을 보이고 있어요. 등원을 하고 오전에 놀이하는 시간에 활용할 수 있도록 희나가 좋아하는 인형을 함께 가지고 등원하는 것도 도움이 될 수 있을 것 같습니다. 혹시 희나가 원한다면 그렇게 해주셔도 좋겠습니다.

가정에서 편안하게 지내다가 기관에서 선생님과 친구들과 정해진 일과대로, 함께 생활하는 것이 불편할 수 있을텐데 조금씩 적응해 나가는 모습이 기특하고 고맙습니다. 조금 천천히 하더라도 괜찮다고, 지금도 충분히 잘하고 있다고 이야기 해주세요.

그리고 엄마, 아빠가 희나를 믿고 응원하고 있다고 전해 주시면 우리 희나 더 힘을 내서 잘 적응해 나갈 수 있을 거라고 생각합니다! 저도 우리 희나가 잘 해낼 수 있도록 항상 많이 표현하고 도와주는 선생님이 되겠습니다.^^

4. 어린이집/유치원에 부정적인 태도를 보이거나 의심을 하는 경우

어머님 안녕하세요! 미소반 교사입니다.

요근래 우리 형민이가 어린이집/유치원에 들어오는 것을 힘들어 해서 기관에서 잘 지내고 있는지 교사와 친구들과의 관계가 걱정이 되실 것 같습니다. 알림장이나 유선상으로 형민이가 잘 지내고 있다고 전달해 드리기는 하지만 하원 후에 엄마에게 표현하는 형민이의 모습이나 이야기에 고민되시는 부분을 충분히 이해합니다.

지난번 어머님께서 조심스럽게 말씀해 주셨던 내용을 기억하고 어린이집/유치원에서 일과를 보내며 형민이의 마음을 민감하게 알아차리려고 곁에서 유심히 살펴보고 있답니다. 형민이가 말이나 행동으로 표현하지 않더라도 표정이나 소리등으로 속상한 마음을 표현하거나 서운해 할 때도 있다는 걸 알게 되어 조금 더 빠르게 상황을 설명하거나 도움을 주고 있어요. 제가 보았을 때에는 전보다는 잘 수용하고 이해하기 시작한 것 같은데, 요즘에 형민이는 어린이집/유치원에 대해 어떻게 표현하나요?

어머님이 형민이가 이야기 하는 내용을 전달해 주셔서 오히려 제가 더 많이 도움을 받기도 합니다. 형민이가 속상할 때에는 눈을 찌푸리거나 손톱을 물어뜯는 행동을 보이는 것도 더 많이 관찰되어 친구들과의 마찰을 최소화 하기 위해 놀이 공간을 정돈해 주거나, 놀잇감을 충분히 제공해 주는 등의 방법으로 지원하고 있어요.

다음 주 한번 더 상담을 하는 것도 도움이 될 것 같습니다. 그리고 시간이 되신다면 어린이집/유치원에 방문하셔서 형민이가 어떻게 지내는지 살펴보시는 것도 도움이 될 것 같아요.

항상 우리 형민이와 미소반 친구들이 행복하고 건강하게 지낼 수 있도록 살펴보겠습니다. 지금처럼 관심 가져 주시고 형민이에 대한 소식도 잘 전달해 주세요. 감사합니다.^^

- **가장 어려운 경우입니다. 이럴 때에는 교사가 먼저 손을 내밀어 관계에 대해 재조정을 하는 것도 좋을 것 같습니다. 부정적인 반응의 이유부터 알아보는 것이 좋겠지요? 먼저 물어봐 주세요. 그리고 기관에서 교사가 아이에게 충분히 관심을 가지고 지원을 하고 있다는 사실도 전해주세요. 물론 상황에 진전이 없다면 원장님께 빠르게 전달하여 도움을 받는 것이 중요합니다!**

부모의 궁금증을 한방에 해결!

알림장으로 교사의 전문성을 보여주세요!

부모는 아이를 기르면서 “어떻게 해야하지?”, “왜 그러는 걸까?” 하며 궁금하고 어려운 점이 많습니다. 우리 반 아이들의 연령별 특징이나 부모의 궁금증을 해소할 수 있는 교육 자료를 쉽게 정리하여 전달해 주시는 건 어떨까요? 한달에 한번씩만 전달해 주셔도 부모에게는 큰 도움이 되고 교사의 전문성을 인정하고 존중하게 될 것입니다. 이번 달 학부모가 자주 물어보던 내용은 어떤 것이였나요? 보통 같은 연령대의 부모가 궁금해 하는 내용은 비슷하기 때문에, 자주 묻는 질문에 대한 정보를 정리하여 전달하시는 것도 좋겠습니다.

✓유아교육 사이트 등에 업데이트 되는 가정통신문, 부모교육의 내용을 참고해 주세요.

✓EBS다큐 중 영유아 교육에 도움이 되는 내용이 많습니다. 편집 영상도 유튜브 등에 올라와 있답니다. 미디어 자료를 활용하는 것도 도움이 됩니다.

1 양육과 관련되어 자주 보여지는 부모의 궁금증

1. 배변 훈련을 하고 싶어요.

어머님 안녕하세요! 우리 지호가 변기에 관심을 보이고 있군요. 아직 기관에서는 변기에 대해 관심을 가지거나 배변 의사를 표현하는 모습을 보이지 않지만, 가정에서 보여지기 시작했다면 원에서도 함께 살펴보고 계획을 하면 좋을 것 같습니다! 우선은 변기에 앉아보거나 쉬나 응가라는 단어를 표현할 수 있도록 해주시고, 무리 되지 않는 선에서 점차 변기에서 쉬나 응가를 해보는 횟수를 늘려주시는 것도 도움이 됩니다. 기저귀에 쉬를 하거나 실수를 했다고 혼을 내지 않는 것이 중요합니다. 기관에서는 화장실을 이용할 때, 기저귀 갈이를 하며 자연스럽게 배설과 관련하여 관심을 가지고 표현할 수 있도록 도움을 주며 지호가 준비되었을 때 부모님과 상의한 후 본격적으로 시작하도록 하겠습니다. 감사합니다.

2. 친구들에 비해 발달이 느린 것 같아요.

한빛이가 친구들에 비해 발달이 느리다고 생각되어 걱정이 되셨나 봅니다. 어떤 점이 걱정이 되시는지 구체적인 내용을 논의할 수 있도록 상담을 계획해 보면 어떨까 합니다.

보통 연령에 기대되는 과업의 수준은 있지만, 개인차가 있으므로 또래 친구와 비교하기 보다는 한빛이 개인의 속도를 알고 적절하게 도움을 주는 것이 좋습니다. 한빛이가 새학기를 시작할 때를 생각해 보면 지금 대소근육도 안정적으로 발달하고 있다고 보여집니다. 아직 세밀한 작업에는 어려움을 표현하기도 하지만 교사가 곁에서 지켜봐 주고 도와주면 스스로 시도하려고 하는 모습이 보입니다. 본인의 생각을 단어나 문장으로 표현하기 시작하고 있어서 언어에 대한 모델링을 자주 보여주고 격려해 주고 있답니다. 걱정되시는 부분에 대해 제가 도움을 드릴 수 있도록 다음 주 화요일 13시쯤에 전화를 드리려고 하는데 시간이 괜찮으실까요?

3. 갑자기 아기처럼 행동해요.

기관에서도 가끔 기어다니거나, '응애' 하고 우는 모습을 보이기도 해서 어머님과 상담을 하려고 했었는데, 가정에서는 그런 모습이 더 자주 보이는군요! 우선 우리 소미의 행동에 대해 정확하게 알고 어떤 이유에서 비롯되었는지 파악을 하는 것이 중요할 것 같습니다.

아이가 퇴행행동을 보이는 것에 대한 심리 상태를 이해하는 것이 중요하기 때문에 소미의 심리가 불안하거나 갑자기 변한 주변의 상황은 없는지 체크해 보아야 할 것 같습니다. 또 소미가 어떤 시점에 그러한 행동을 보이는지도 확인해 보면 이유를 알기가 수월할 수 있습니다. 기관에서는 선생님이 다른 친구와 놀이를 하거나, 다른 친구에게 도움을 줄 때 다가와 그런 행동을 보이는 경우가 많습니다. 애정에 대한 확인과 관심을 요구하는 것으로 보여져 소미와 더 많이 대화를 나누고, 소미의 놀이에 관심을 가지고 함께 하다 보니 전보다는 좀 더 나아지고 있는 듯 합니다. 가정에서 어떤 상황에 주로 그런 행동을 보이는지 이번 주 금요일에 전화드리고 상담해 보면 좋을 것 같습니다. 통화가 가능한 시간을 알려주시면 전화드리겠습니다.

그 밖에 새로운 사례를 원하는 경우, 출간 이벤트 내용을 참고해 요청해 주세요!

2 자주 걸리는 질병과 대응 방법

기관을 이용하며 면역력이 약한 영유아는 자주 질병에 감염되고 전염될 수 있습니다. 항상 신속하게 상황에 대해 전달을 하고 바람직한 대응 방법에 대해 전달해 주시면 좋겠습니다.

1. 전염성이 있는 질병에 걸린 상황에 대한 공지

안녕하세요! 00반 교사입니다.

지난주부터 본 기관에 000 질환에 감염된 영유아가 발생하여 전염성이 있는 질환으로 분류하여 각별히 유의하고 있습니다만, 우리 미소반에도 000 질환에 감염된 원아가 있는 것으로 확인되어 전달 드립니다.

해당 원아는 증상이 있는 날부터 가정 보육을 실시하고 있습니다. 하지만 잠복기 등을 고려하여 추가 확진이 있을 수 있으므로 가정에서 등원 전 원아의 건강 상태 및 발열 등을 확인하신 후 보내주시기 바랍니다. 필요시 가정 보육을 권고하거나 혹은 병원에서의 정확한 진단을 요구할 수 있습니다. 아이들의 건강한 원 생활을 위한 협조를 부탁드립니다. 감사합니다.

2. 질병에 대한 대응 방법

출처 : 네이버 백과사전

수족구는 주로 콕사키 바이러스, 엔테로 바이러스 등에 의해 발생하는 질환으로 여름과 가을철에 많이 발생합니다. 입안에 물집이 생기거나 손과 발에 수포성 발진을 보입니다. 수족구에 감염되면 식사를 하는 것이 어렵고 손과 발 이외에 무릎이나 손톱, 발톱, 엉덩이까지 수포가 퍼지기도 하며 위생 관리가 되지 않을 경우 2차 감염의 우려가 있으므로 유의해 주셔야 합니다. 대부분의 경우 2~10일 이후 자연적으로 회복할 수 있으며 탈수가 우려되는 상황이라면 수액 치료를 병행하는 것이 도움이 됩니다.

장염은 원인 물질에 따라 잠복기와 증상이 다르게 나타나므로 의사의 정확한 진료와 치료가 이루어져야 합니다. 보통 음식물을 섭취한 후 72시간 내에 구토나 설사, 복통, 발열 등의 증상이 나타납니다. 장염의 경우 영양소 결핍 예방과 보충, 장 점막의 상처 치유, 영양 불량 등 동반될 수 있는 증상을 예방할 수 있도록 살펴보아야 하며 저지방식, 저섬유소식, 유당제한식이 필요합니다. 충분한 휴식과 함께 소량씩 자주 식사를 제공하는 것이 좋습니다.

감기는 바이러스에 의해 코와 목부분을 포함한 호흡기계의 감염 증상입니다. 흔하게 나타나는 질환 중 하나이지만, 면역력이 약한 영유아의 경우 증상이 심화되어 다른 질병이 동반될 수 있으니, 병원에서 영유아의 상황에 적합한 치료를 하는 것이 도움이 됩니다. 재채기, 코막힘, 콧물, 인후통, 기침, 발열, 두통 및 근육통 등이 보여질 수 있어 영유아의 컨디션을 수시로 확인하고 증상의 진행 정도도 살펴보아야 합니다. 충분한 영양 섭취와 휴식이 회복에 도움이 될 수 있습니다.

3 식사, 낮잠, 배변 등 기본생활 습관의 중요성

안녕하세요 미소반 교사입니다.

기관에서는 우리 아이들이 바람직한 기본생활 습관을 형성할 수 있도록 지도하고 있습니다. 교사의 모델링을 통해 아이들이 배워나가게 됩니다. 가정에서도 함께 지도해 주시기 바랍니다.

1. 식사 습관의 형성

- 식사는 정해진 시간에 하도록 합니다.
- 기관에서는 오전, 오후에 간식을 먹고 점심식사를 합니다.
- 상황에 따라 시간이 변경될 수 있지만 보통 정해진 시간에 할 수 있도록 지도하고 있습니다.
- 식사 도구를 사용하는 방법을 알려주세요. 아직 어리다고 부모님이 식사를 도와주시기 보다는 스스로 할 수 있는 기회를 충분히 제공하는 것이 도움이 됩니다.
- 연령에 적합한 식사 도구를 제공해 주셔서 소근육 발달에도 도움을 주시기 바랍니다.
- 바르게 앉아서 식사할 수 있도록 도와주세요.
- 식사 도중 돌아다니거나 눕지 않게 지도해 주시는 것이 도움이 됩니다.
- 바르게 앉아서 식사를 해야 소화가 잘 되고 우리 몸이 건강해진다고 알려주세요.
- 그리고 식사를 하며 TV나 스마트폰을 보는 습관은 도움이 되지 않으므로 식사에 집중할 수 있도록 식사 시간에는 미디어 사용을 제한하는 것이 필요합니다.

2. 낮잠 및 충분한 휴식 시간

낮잠이나 충분한 휴식을 취할 수 있어야 오후에도 안정적으로 일과를 진행할 수 있습니다. 피곤한 몸으로 오후를 맞이하게 되면 무리가 되어 다음날에도 좋지 않은 영향을 미칠 수 있습니다. 낮잠을 자기 싫어한다면 정적인 활동을 통해 휴식하는 시간을 가지는 것이 도움이 됩니다.

3. 배변 관련 지도

• 쉬나 응가를 한 후, 새 기저귀로 갈이를 하는 것이 필요합니다.

• 아이의 배변 패턴과 상태를 잘 파악해 적절하게 도움을 주세요.

• 기저귀 갈이를 하는 공간은 고정되어 있는 것이 좋습니다. 기저귀 갈이를 하는 동안 편안한 마음을 가질 수 있도록 대화를 나누어 주시며 서두르지 않고 진행하는 것이 좋습니다.

• 배변 훈련을 하는 동안에는 실수를 하더라도 혼내거나 다그치지 않는 것이 중요합니다.

• 아이가 실수를 했다면 격려해주고 새 옷으로 갈아입으면 된다고 알려주세요.

• 수시로 확인하거나 억지로 배변을 유도하는 것은 바람직한 배변 습관의 형성을 방해하고 변비 등을 초래할 수 있습니다.

• 배변과 관련되어 긍정적인 경험을 하고 놀이나 책 등을 통해 이해하는 것도 도움이 될 수 있습니다.

• 기관에서도 우리 친구들의 기본생활 습관에 대해 잘 살펴보고 지도하도록 하겠습니다.

4 정서, 감정을 공감하는 전문가

감정 코칭이라는 단어를 들어보셨나요?

감정은 긍정적이든 부정적이든 자연스럽게 나타나는 반응으로 부정적인 감정에 대해 무조건 나무라고 교정해야 하는 것은 아닙니다.

모든 감정에 대해 수용하고 공감하여 적절하게 대응해 나가는 방법을 알려주시는 것이 필요합니다.

이를 통해 아이는 자기 조절 능력을 향상하고, 자아존중감이 형성되며 사회적 능력 및 정서지능이 향상됩니다.

그 밖에도 집중력, 학습능력, 문제 해결 능력이 향상되며 감정조절을 하는 능력이 안정적으로 발달합니다.

타인의 감정에 대해서도 이해하기 시작하며 또래와의 관계도 발전하여 사회적 적응력에 도움이 됩니다.

새로운 변화, 상황에 적극적으로 대응하고 능동적이고 긍정적으로 받아들일 수 있습니다.

좌절하거나 포기하기 보다는 스스로 느끼는 감정을 수용하고 회복하는 능력이 생기게 됩니다.

《감정 코칭의 단계》

1. 아이의 감정을 인식하고 수용합니다.

- 미세한 감정의 표현도 잘 알아차리고 관심을 가져 주세요.
- 감정이 급격하게 변화하거나 격해지지 않도록 함께 해 주시는 것이 필요합니다.
- 아이의 행동에서 보여지는 감정을 살펴보고 반복되는 문제 사항을 제거하는 것도 도움이 됩니다. 다양한 감정이 있음을 이해할 수 있도록 감정카드 등의 놀이가 도움이 될 수 있습니다. 어떠한 감정도 나쁜 것은 없습니다. 여러 가지 감정에 대한 표현도 들려주세요.

2. 아이의 감정을 인정합니다.

- 아이가 감정을 표현하는 것을 통해 부모는 아이의 감정을 이해하고 적절히 도움을 주어 보다 친밀한 관계를 형성할 수 있습니다. 또한 감정 조절에 대한 어려움이 있을 경우에도 빠르게 지원을 하여 부정적인 행동을 완화하는데에 효과적으로 도움을 줄 수 있습니다.
- 감정을 인정하고 표현해 주어 아이가 스스로 자신의 감정을 인식하고 바람직하게 표현하는 방법을 함께 경험해 나가는 것이 좋습니다.

3. 아이의 감정을 공감하고 경청합니다.

- 감정을 표현하는 과정에 좀 더 세심하게 반응해 주세요. 자신의 감정에 대해 알아차릴 수 있도록 감정을 읽어주시는 것도 도움이 됩니다. 아이의 입장과 이해수준을 고려하여 대화를 나누다 보면 아이가 왜 그러한 감정을 느꼈는지 알 수 있습니다.
- 양육환경뿐 아니라 아이의 기질과 성향에 따라서도 다르게 반응하기 마련입니다. 아이마다 개별적인 상황이 있음을 인정하고 느껴지는 감정을 바르게 표현할 수 있도록 도움을 주시기 바랍니다. 아이가 감정을 표현할 때에는 부모도 같은 감정을 느끼고 있음을 보여주시고, 아이가 표현하는 내용에 귀기울여 주시고 경청해 주세요.

4. 아이가 스스로 감정을 이해하고 조절할 수 있는 기회를 제공해 주세요.

- 자신에게 감정이 있음을 알고 표현할 수 있도록 그 과정을 존중해 주세요. 스스로 해결할 수 있다면 시간이 조금 걸리더라도 기다려 주셔도 좋습니다. 지금까지의 단계를 충실히 이행하고 있다면 아이는 감정에 대해 긍정적으로 인식하고 표현하기 전에 한번 더 생각하는 힘이 길러지게 될 것입니다. 격해진 감정을 조절하는 것은 아직 어린 영유아기의 친구들에게는 어려운 부분입니다. 성급하게 생각하여 행동을 제한하기보다는 평소 부모의 본보기를 통해 보여주시거나, 대응 방법을 구체적으로 제안하여 해결해 나가는 과정을 함께 경험하는 것으로도 도움이 될 수 있습니다.

5 놀이의 중요성과 효과

아이들은 놀이를 통해 성장합니다. 놀이를 통해 아이의 관심사와 흥미를 알 수 있고, 필요한 지원을 통해 아이의 발달을 도모할 수 있습니다.

기관에서 학습 형태의 수업보다 놀이 중심의 보육과정을 운영하는 것도 영유아기에는 어떤 것보다 놀이가 주는 효과가 가장 크기 때문입니다.

놀이를 통해서 아이들은 개념을 이해하고 지적인 성장을 할 수 있게 됩니다.

놀잇감을 통해 명칭이나 특성에 대해 이해하고 경험할 수 있고, 관찰을 하고 탐색하는 과정안에서 아이의 관찰력, 집중력도 향상되게 됩니다. 또한 호기심과 상상력, 창의적인 사고도 형성됩니다.

아이들도 힘들고 어려운 일을 마주하게 되면 스트레스를 받고 화가 나게 됩니다. 놀이를 통해 부정적이고 불안한 감정을 해소하는 것이 좋습니다. 놀이를 통해 불만과 욕구를 해소하고 또 채워나가게 됩니다. 안정적인 정서가 형성될 수 있도록 지금 이 순간 아이가 하고 싶어하는 놀이를 할 수 있도록 지원해 주시고, 함께 해 주세요.

다양한 근육을 사용하며 아이들은 신체적, 정신적으로 건강하게 성장하게 됩니다. 전신을 사용하는 놀이를 통해 신체 조절 능력, 운동 능력, 중심감각, 균형감각, 민첩성 등이 길러집니다. 소근육을 사용하는 능력을 통해 신체 기관간의 협응 능력이 발달하고, 뇌 발달에도 도움이 될 수 있습니다. 아이의 신체 발달 수준에 적합한 여러 가지 놀이를 함께 해 주시기 바랍니다.

놀이를 통해 학습하게 되는 개념은 아이의 기억에 오래 남게 되고 기존의 놀이 경험과 지식을 바탕으로 새로운 놀이를 계획하고 구상하기도 합니다. 마냥 놀이하는 아이의 모습을 불안해 하기 보다는 놀이를 하는 과정에 배울 수 있는 다양한 이점을 발견해 주시고, 놀이 자체가 즐겁게 받아들여질 수 있도록 도움을 주세요.

놀이 과정에서 다양한 대화를 함으로써 언어 발달에 도움이 될뿐만 아니라 사회성 형성에도 긍정적인 영향을 미칩니다. 놀이는 사회적 규칙을 이해하고 배려와 타협, 자제와 협력 등의 사회성 발달에 도움을 줍니다.

6 아이의 자존감을 높여 주세요.

영유아기의 자존감 형성은 매우 중요합니다.

자존감은 "나는 사랑을 받는 소중한 존재"임을 인식하는 데에서 출발합니다. 부모가 원하는 행동을 했을 때에만 인정을 받는 것이 아니라 어떤 상황에서도 존중받고 사랑을 받아야 합니다. 행동 교정은 필요할 수 있지만, 아이 존재는 항상 존중 받을 수 있도록 말과 행동으로 표현해 주세요.

자존감이 높은 아이는 스스로를 괜찮은 사람이라고 여기고 자신이 살아가는 세계에 대해서도 긍정적으로 인식하게 됩니다.

사회 관계안에서도 적극적이고 호감을 보이며 자신의 실수에 좌절하기 보다 다시 도전하고 시도하는 태도를 가지게 됩니다.

자존감이 낮은 아이는 상대가 나를 어떻게 생각하는지 걱정이 앞서기 때문에 나의 생각과 결정보다는 상대에게 의지하고 눈치에 따라 행동하게 됩니다. 주체적인 삶을 살아가는 사람으로 성장하기 위해서 자존감의 형성은 무엇보다 우선이 되어야 할 것입니다.

"괜찮아, 지금도 충분히 잘하고 있단다."

아이가 하는 행동에 잘못된 부분이 있고 실수가 반복되어도 괜찮다고 이야기 해주고 다시 해볼 수 있는 용기를 북돋아 주시는 것이 중요합니다. 부모의 말과 태도에 따라 자존감이 발달하기 때문입니다.

아이가 하는 행동이 서툴고 부족하더라도 혼자 시도하는 과정을 격려해 주세요. 실수하더라도 실망하지 않고 격려해 주시는 모습은 아이에게 긍정적인 도움을 줄 수 있습니다.

부모에게 지나치게 의존하고 부모의 결정, 지시대로 행동하는 것 보다는 힘들고 어려워도 스스로 해보는 것이 필요합니다. 과정에 실패가 있더라도 좌절하지 않도록 기다려 주시고 약간의 도움을 주시면서 아이가 다시 해볼 수 있는 기회를 제공해 주세요.

아이가 하는 일을 믿고 기다려 주세요. 잘못되었더라도 부모가 수정하기 보다는 스스로 불편을 느낄 수 있는 시간을 주시는 것이 좋습니다. "이렇게 해야지" 하고 아이의 잘못을 들추어 내다 보면 아이는 기계적으로 반응하고 왜 해야 하는지조차 이해하기 어렵게 됩니다.

아이가 표현하는 말에 귀기울여 주시고, 작은 성공이라도 칭찬하고 공감해 주세요. 우리 아이들이 하는 작은 성공의 경험이 쌓이고 쌓이면 자신감뿐만 아니라 일상과 놀이에서 필요로 하는 다양한 능력의 발달에 큰 도움이 될 것입니다.

서툴게 표현하는 아이의 언어나 행동에 대해 지시를 하기 보다는 공감하고 함께 표현할 수 있는 대안을 모델링을 통해 보여주시는 것은 어떨까요? 아이들이 자신의 감정을 자유롭게 표현하는 것이 건강한 자존감 형성의 기초가 되고 발판이 될 것입니다.

7 적절한 훈육 방법과 일관된 훈육의 중요성

육아를 하다 보면 많은 어려움이 따르곤 합니다.

아이가 원하는 것을 모두 수용하는 것 보다는 상황에 따라 조절할 수 있도록 기준을 제시하고 아이가 받아들일 수 있도록 지도해 주는 것이 필요합니다.

항상 일관된 자세로 아이에게 알려주시고 도움을 주신다면, 우리 친구들이 잘 이해하고 따를 수 있을 것입니다.

영아기의 아이들은 반복하여 알려주시는 것이 효과적입니다.

잘못된 행동을 할 때에는 부모의 표정이나 행동으로 하면 안 된다는 사실을 전달해 주시는 것이 도움이 됩니다. 고개를 좌우로 저으며 안된다고 표현하여 아이가 상황을 인지하고 행동을 조절할 수 있도록 알려주세요.

똑같은 실수나 잘못을 하더라도 이전의 상황을 기억하지 못해서 습관적으로 하는 경우가 많기 때문에 헷갈리지 않도록 동일한 방법으로 알려주시는 것이 좋습니다.

자기의 주장이 강해지며 부모와의 의견 충돌이나 마찰이 생기기 시작합니다.

허용이 되는 것과 그렇지 않은 것을 이해할 수 있도록 부모간의 기준이 동일해야 하며 명확하게 구분하여 전달해 주시는 것이 필요합니다. 특히 안전과 관련해서는 반드시 지켜야 하는 것에 대해 알려주시는 것이 좋습니다.

사소한 잘못이나 실수에 대해서는 너그러이 넘어가 주시되, 상황에 대해 이해할 수 있도록 설명해 주시면 좋겠습니다.

영아기가 지나면 아이가 스스로 행동에 대해 생각할 수 있도록 기회를 제공해 주시는 것도 도움이 됩니다. 감정 조절이 아직은 미숙할 수 있기 때문에 떼를 쓰거나 고집을 부릴 수 있습니다. 무조건 "안 돼!" 하고 이야기 하기 보다는 아이의 마음을 공감하되 어떤 점이 잘못되었는지, 어떻게 표현하는 것이 바람직한지 알려주세요.

조금이라도 나아지는 모습이 보인다면 세심하게 그 과정에 대해 격려해 주세요.

간단히 이유를 설명하며 하면 안되는 것에 대해 알려주시고, 대체할 만한 행동을 제안하는 것이 좋습니다.

자신의 감정이나 마음을 표현할 때에 아이의 상황에 관심을 가지는 부모의 모습이 필요합니다. 무조건 결과에 대해 다그치고 혼을 내기 보다는 어떤 이유로 아이가 불편한 마음이 들었는지 이유를 물어봐 주세요.

이유를 말하는 동안, 부모는 끝까지 경청하고 감정에 대해서는 인정하고 수용하는 것이 필요합니다. 아이가 우물쭈물하거나 이야기를 하지 않는다고 해서 혼을 내서는 안됩니다.

아이가 충분히 생각할 수 있도록 기다려 주시고, 필요하다면 부모가 아이의 마음을 질문하여 아이가 대답할 수 있도록 도와주세요.

키즈노트 매뉴얼과 다양한 활용 방법

앞서 키즈노트 기능에 대해 몇 가지 살펴보았는데요, 이번 챕터에서는 조금 더 상세히 들여다보려고 합니다. 아직도 수기로 알림장을 작성하시나요? 스마트 알림장의 기능을 활용해 학부모에게 더 상세하고 체계적인 안내를 할 수 있습니다. 또한 키즈노트에서는 기관에서 필요한 다양한 기능과 활용 방법 등이 수시로 업데이트되고 있습니다. 사용하는 부모 입장에서도 핸드폰으로 그때그때 확인하고 소통할 수 있고, 저장하여 보관도 가능해 선호도가 매우 높은 편이에요. 그럼 자주 활용하는 대표적인 기능을 알아보겠습니다.

1 입소서류 관리, 원아 관리

키즈노트의 전자문서+서비스 중 '입소서류관리' 기능을 통해 학부모에게 입소 서류 제출을 요청할 수 있고, 학부모는 키즈노트 앱을 통해 요청받은 서류를 작성하고 제출할 수 있습니다. 서류를 미제출한 학부모에게는 제출 재요청 알림을 보낼 수 있어 전화로 요청하는 번거로움을 덜 수 있어요.

제출된 서류는 '원아관리' 기능에서 확인할 수 있고, PC에서는 취합된 정보를 바탕으로 원아 명부와 입소 서류를 출력할 수 있습니다.

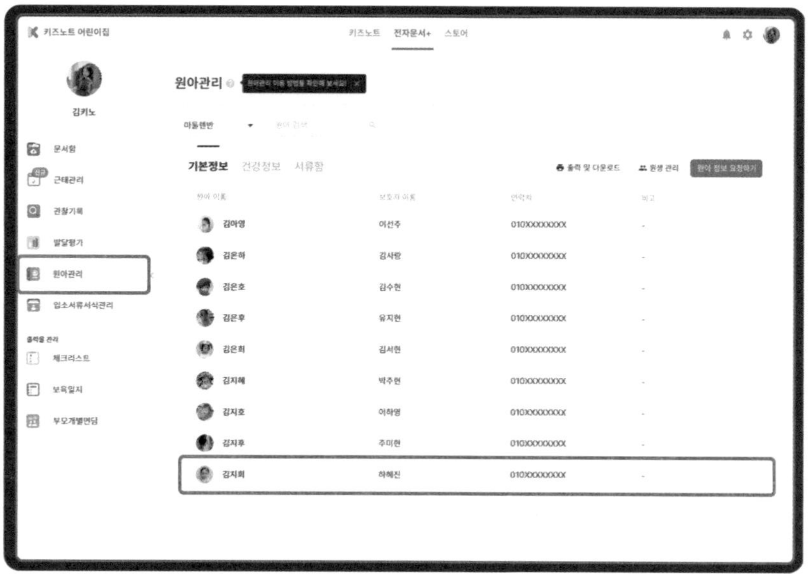

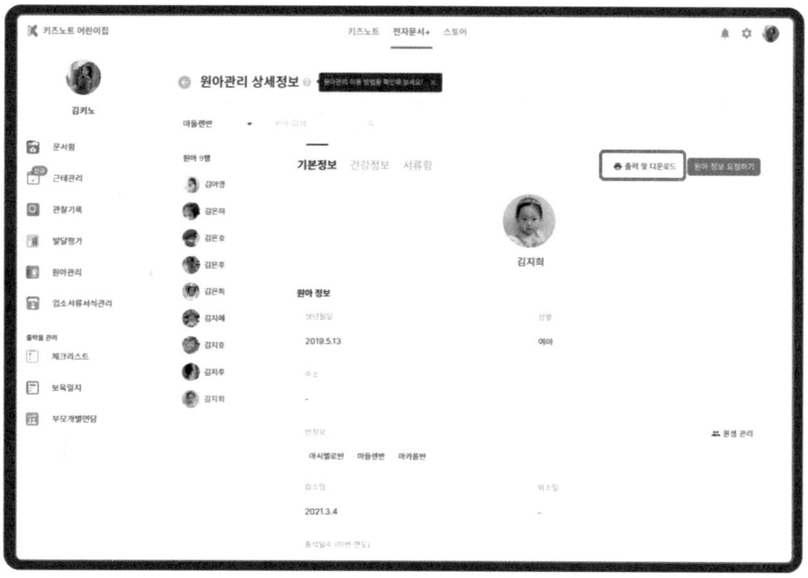

2 스마트 알림장의 내용을 '책'으로 보관하기

스마트 알림장의 장점 중 하나입니다. 아이들의 추억으로 가득한 내용을 책으로 만들어 보관할 수 있습니다. 매번 사진을 저장할 필요 없이 간편하게 저장, 보관하는 좋은 방법이며 우리 아이가 즐겁게 지낸 기관에서의 생활을 책으로 보관한다면 더없이 귀한 선물이 될 수 있을 것입니다.

이 기능은 선생님 계정에서는 확인할 수 없는 기능이며, 학부모가 확인하고 제작할 수 있습니다. 키즈노트의 경우 세 가지의 상품 서비스를 제공하고 있으니 아이들의 추억을 소중히 간직하고 싶은 부모님에게 추천해 주셔도 좋을 것 같습니다! 필요에 따라 활용하실 수 있도록 학부모에게 안내해 주세요.

1. 키즈노트북 프리미엄

키즈노트에 담긴 아이의 알림장, 앨범 속 본문, 사진, 영상을 특별하게 간직할 수 있도록 포토북으로 제작하고, 포토북과 함께 PDF와 사진 원본 파일도 제공되는 서비스입니다.

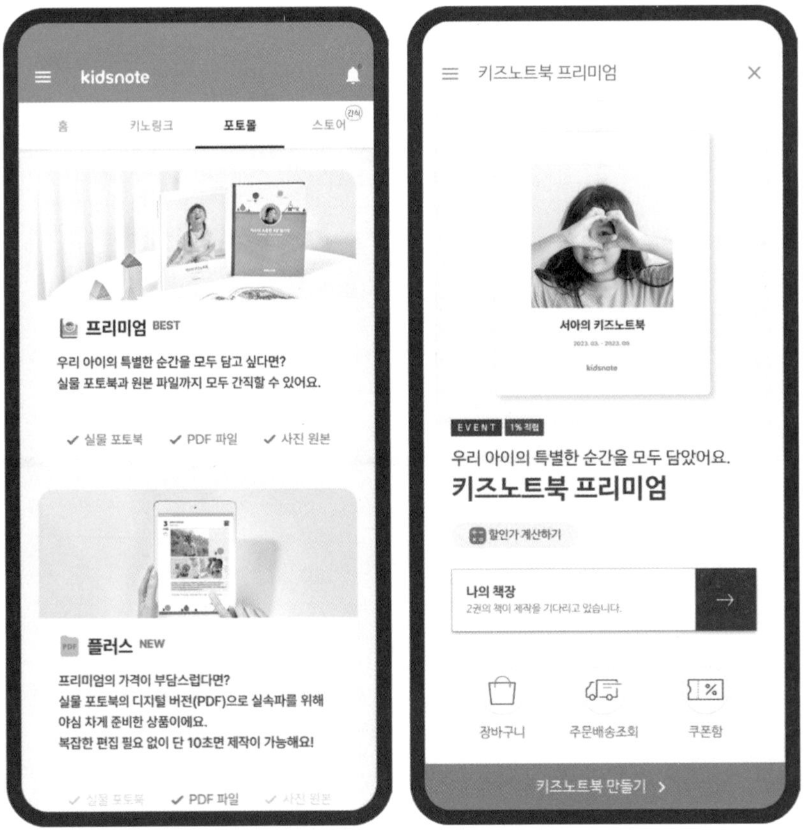

2. 키즈노트북 플러스

키즈노트에 담긴 아이의 알림장, 앨범 속 본문, 사진을 포토북 PDF파일로 만들어 간직할 수 있는 서비스입니다.

3. 키즈노트북 베이직

키즈노트의 알림장, 앨범 속 아이의 사진과 영상의 원본 파일들을 월별로 모아 한 번에 다운로드하는 서비스입니다.

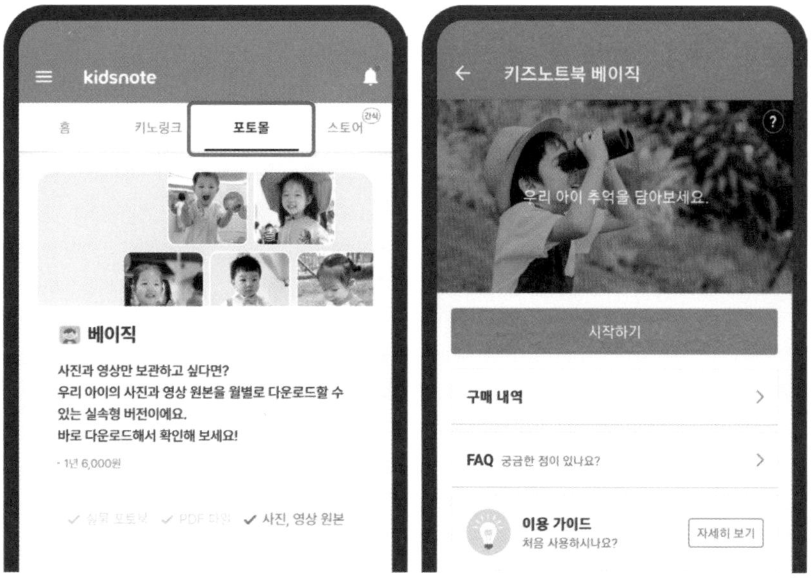

4. 키즈노트북 추억을 보관하는 방법 3가지 비교하기

	프리미엄	플러스	베이직
포토북	✓		
PDF 파일	✓	✓	
원본 파일 제공	✓		✓

위의 콘텐츠에 대해 잘 모르시는 부모님들도 계시답니다. 아이들의 추억을 보관할 수 있는 세 가지 방법의 장단점을 안내해 주세요! 비교하여 활용할 수 있도록 학부모에게 추천해 주시면 좋아하실 거라고 생각합니다.

3 앨범 기능

아이들의 사진을 촬영하신 후, 출력해서 붙여주던 시절이 있었지요? 시간이 지나면 색이 바래져 얼굴도 잘 보이지 않았어요. 이제는 스마트 알림장을 통해 우리 아이의 사진을 전달할 수 있습니다. 키즈노트의 앨범은 PC/Mobile에서 동일하게 사용할 수 있고, 사진을 최대 100장까지 첨부할 수 있습니다.

참, 키즈노트에서 작성한 앨범은 핸드폰 용량과 관계없이 지우지 않으셔도 괜찮습니다!

1. 앨범 작성하기

함께 촬영한 사진 및 영상을 여러 명에게 한번에 전달할 수 있습니다.

① 키즈노트에서 앨범을 선택합니다.(Web에서도 사용 가능)

② 앨범 상단 작성하기를 선택해 앨범을 작성합니다.

③ 앨범을 받을 원아 선택을 해주세요.

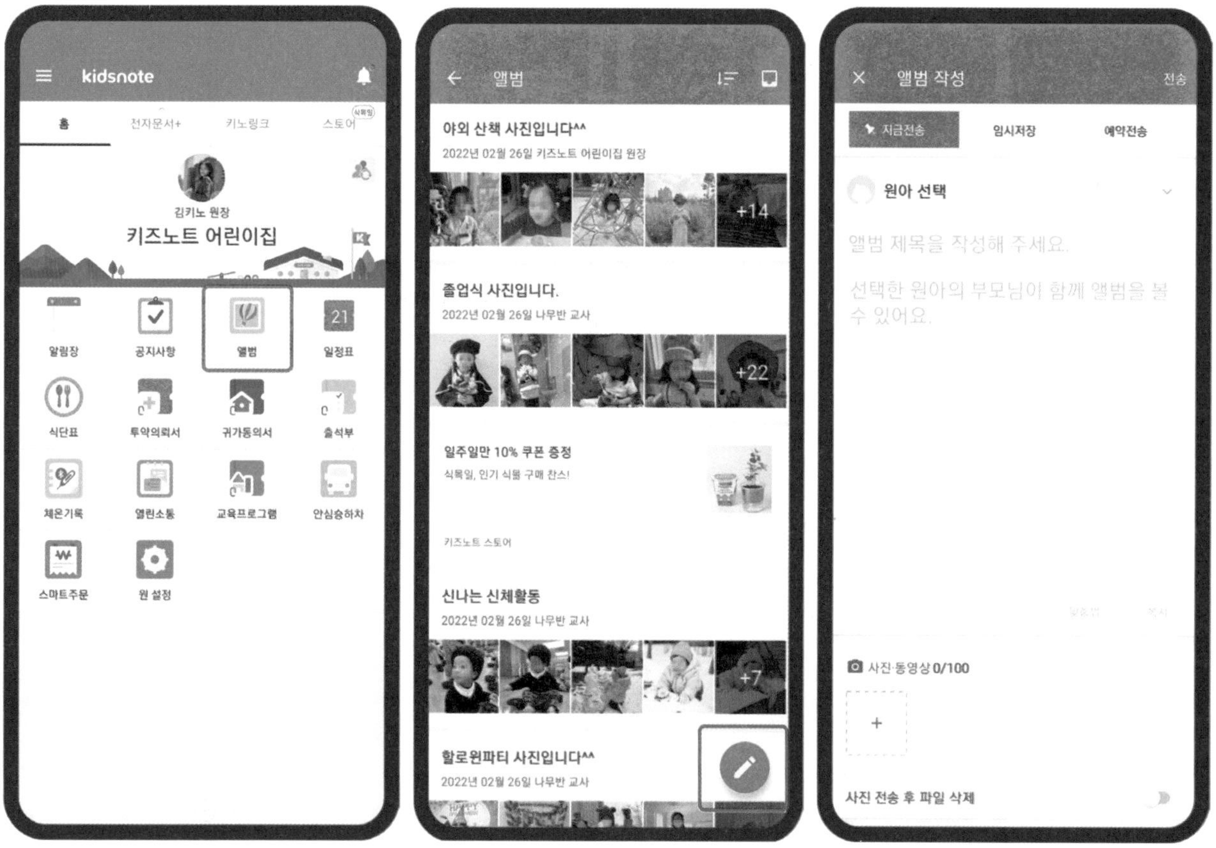

Kidsnote Tip. 키즈노트에는 원 홈페이지를 제공하고 있습니다.(유료 서비스)

키즈노트의 공지사항, 앨범 등을 원 홈페이지에 연동 가능하며, 초상권 보호 기능, 알림 전송 기능 등 다양한 기능이 있으니 사용해 보시길 바랍니다.

4 투표의 기능과 예시

키즈노트를 활용하는 경우, 수요조사 및 만족도 조사 등 부모의 의견을 쉽고 빠르게 취합하고 관리할 수 있습니다. 저 역시 상당히 자주 사용하는 기능이기도 합니다. 지면 자료로 발송하는 경우, 제출이 늦어지거나 누락되는 경우가 있어 관리하는 데에 어려움이 있기도 한데, 키즈노트를 활용하면 누가 참여하지 않았는지 알기도 쉽고, 미참여 가정에 대한 투표 참여 안내도 편리합니다.

1. 사례1. 부모 도우미 참여 희망 수요 조사

안녕하십니까? 000 어린이집/유치원 원장입니다.

우리 어린이집/유치원의 발전을 위해 항상 격려해 주시고 응원해 주시는 부모님께 감사의 말씀 전합니다.

더불어 각 가정에 행복한 소식이 가득하기를 기원합니다.

이번 00월, 한해를 마무리 하며 우리 아이들이 어린이집/유치원에서 어떻게 지내는지 부모님이 함께 참여하여 일과를 보내는 시간을 계획하고 있습니다.

기존에 이루어졌던 참여수업, 참관수업의 형태가 아닌 부모가 교사와 함께 아이들을 보육하는 과정에 직접 참여하는 프로그램으로써 현장의 특성 상 많은 부모님을 모실 수 없음이 아쉽습니다.

본 프로그램은 부모가 어린이집/유치원에 대해 봉사, 보육, 재능 기부 등 원하는 형태를 교직원과 상의하여 방문하는 프로그램입니다.

참여를 원하시는 가정에서는 아래의 표에 신청을 해주시기 바랍니다.

이번 회차에 참여하지 못하는 가정은 이후에도 도우미 프로그램이 계획되어 있으니, 다음 기회에 함께 할 수 있기를 바랍니다(맞벌이 가정의 경우, 평일 오전에 시간을 내기가 쉽지 않음을 잘 알고 있습니다. 어린이집/유치원의 개방성과 신뢰도를 향상하기 위한 운영 프로그램으로 이 부분에 협조와 이해를 구합니다. 부모가 오지 않아 속이 상할 수 있는 영유아들은 사전에 배려하여 보육에 차질이 없도록 세심히 운영하겠습니다.).

《해솔반 학부모 도우미 활동 계획 및 내용》

14일 12시 30분~13시 점심 식사 및 자유 놀이

1) 손을 씻고 점심 식사를 준비합니다.

2) 자리에 앉아 바르게 식사를 합니다.

3) 식사가 끝난 유아들은 자유 놀이를 합니다.

- 항목 1. 도우미 참여를 원합니다.
- 항목 2. 도우미 참여가 어렵습니다.

2. 사례2. 소풍 일정 연기에 대한 의견 조사

안녕하세요. 000어린이집/유치원 원장입니다.

이른 아침부터 눈발이 날리더니 벌써 길가에 눈이 소복이 쌓이기 시작합니다.

눈이 오면 항상 기쁜 마음이었는데, 오늘은 아이들의 안전을 고려하여 소풍을 연기해야 하지 않을까 하는 마음이 참 아쉽고 무겁습니다.

오늘 소풍의 일정은 30분 정도를 이동하여 00농원에 도착하여 실외에서 무뽑기 체험 후,

실내에서 동물 친구들을 만나는 과정이었습니다. 일기 예보를 확인하니 오전 내내 눈 소식이 있어 차량 이동 및 기타 안전에 대해 무리가 있을 수 있다고 판단됩니다. 긴급 교사회의를 통해 부득이하게 금일 소풍 취소 계획에 대해 안내 드리고 학부모님의 의견을 투표로 취합한 후 확정하고자 합니다.

소풍 운영에 대해 찬반여부를 조사합니다. 금일 건에 대한 내용으로 소풍 취소에 대한 찬반여부 조사에 빠르게 협조해주시기 바랍니다(투표는 견학 차량 취소 등을 고려하여 9시에 마감합니다.).

※ 금일 점심은 소풍 식단으로 볶음밥과 김밥+국 등으로 제공됩니다.

- 항목1. 소풍 취소를 찬성합니다.
- 항목2. 소풍 취소를 반대합니다.
- 항목3. 소풍 대신 바깥 놀이를 원합니다.
- 항목4. 오늘은 실내 활동을 원합니다.

3. 사례3. 운영위원회 및 부모교육 참여 수요 조사

안녕하세요! OO어린이집/유치원 원장입니다.

이번 주 수요일에 예정된 운영위원회 및 부모교육에 참여하실지 여부를 조사하고자 합니다. 아래의 내용 읽어보시고 투표해 주시기 바랍니다.

운영위원회는 운영위원이 아니더라도 편하게 참여하셔서 어린이집/유치원의 발전을 위한 소통을 하고 공감과 이해를 하는 자리입니다. 더 나은 보육환경을 위해 함께 해 주시길 바랍니다.

• 소요시간 : 10시 30분~11시 10분

• 부모교육 : 11시 10분~11시 40분 《아이의 기질과 바람직한 양육 방법》

• 논의사항 : 2023년 하반기 의견 수렴 및 2023년도 운영 계획 및 프로그램, 특강, 행사 등에 대한 논의

※ 3번 항목을 선택하시는 경우, 어떤 시간대가 가능한지, 방법에 대해서도 댓글 부탁드립니다.

※ 4번 항목의 경우에도 가능하시다면 간단히 사유를 남겨주시기 바랍니다.

• 항목 1. 대면 참석이 가능합니다.

• 항목 2. 비대면 참석은 가능합니다.

• 항목 3. 참여하고 싶지만 대면 시간이 어렵습니다.

• 항목 4. 대면, 비대면 모두 참석이 불가능 합니다.

4. 사례4. 운영 프로그램 만족도 조사

안녕하세요! 000어린이집/유치원 원장입니다.

0000년도를 잘 마무리 하며, 0001년도를 계획하고 준비합니다.

우리 아이들과 힘찬 새학기를 그리며, 더욱 발전하는 모습 보여드리고자 합니다.

지난 한해 동안 운영한 다양한 프로그램 중 학부모(아이의 의견 반영)님의 의견을 한번 더 검토해 보고자 합니다.

중복 선택이 가능하니, 유익했다고 생각되는 프로그램에 투표해 주시기 바랍니다. 또한 새롭게 운영하고자 하는 프로그램에 대해서는 부모 조사서 취합 후 진행하겠습니다. 많은 관심 부탁드립니다.

※ 본 투표의 내용을 반영하여 프로그램/특별활동의 보완 및 수정, 대체 등이 이루어질 예정입니다. 또한 프로그램은 0001년도부터 연령 및 수준을 구분하여 보다 체계적으로 진행됩니다.

- 항목1. 주 1회 소풍 및 견학
- 항목2. 지역사회 연계활동
- 항목3. 요리 실습
- 항목4. 프로젝트 수업
- 항목5. 원 방문 체험형 행사 운영
- 항목6. 동요 대회, 그림 대회, 골든벨 등

5 공지사항 기능

예전에는 가정통신문을 보내어 원의 소식을 안내하곤 했는데요, 기관에서 긴급히 전달해야 할 사항이 있을 때에는 전달할 방법이 마땅치 않아 유선으로 전달하거나 하원 시 부모에게 전달하기도 했습니다. 그런 과정에서 오류나 실수가 있기도 하고 누락이 있어 전달받지 못한 가정이 있기도 했습니다. 이제는 빠르고 편리하게 키즈노트 공지사항 기능을 활용해 원의 소식, 운영 방침 등을 전달할 수 있습니다. 감염병에 대해서는 원아의 건강과 직결되는 부분이므로 늦어지면 곤란하겠지요? 이런 경우에도 활용할 수 있습니다. 원뿐만 아니라 반별로도 공지사항을 전달할 수 있습니다. 원 전체 또는 반 대상으로 중요한 공지의 내용을 실시간 혹은 설정한 시간에 전달할 수 있습니다. 수신 확인 여부도 가능하여 [미수신 목록]을 통해 안 읽은 부모님께 [알림 보내기]로 공지사항을 다시 한번 안내해 드릴 수 있습니다.

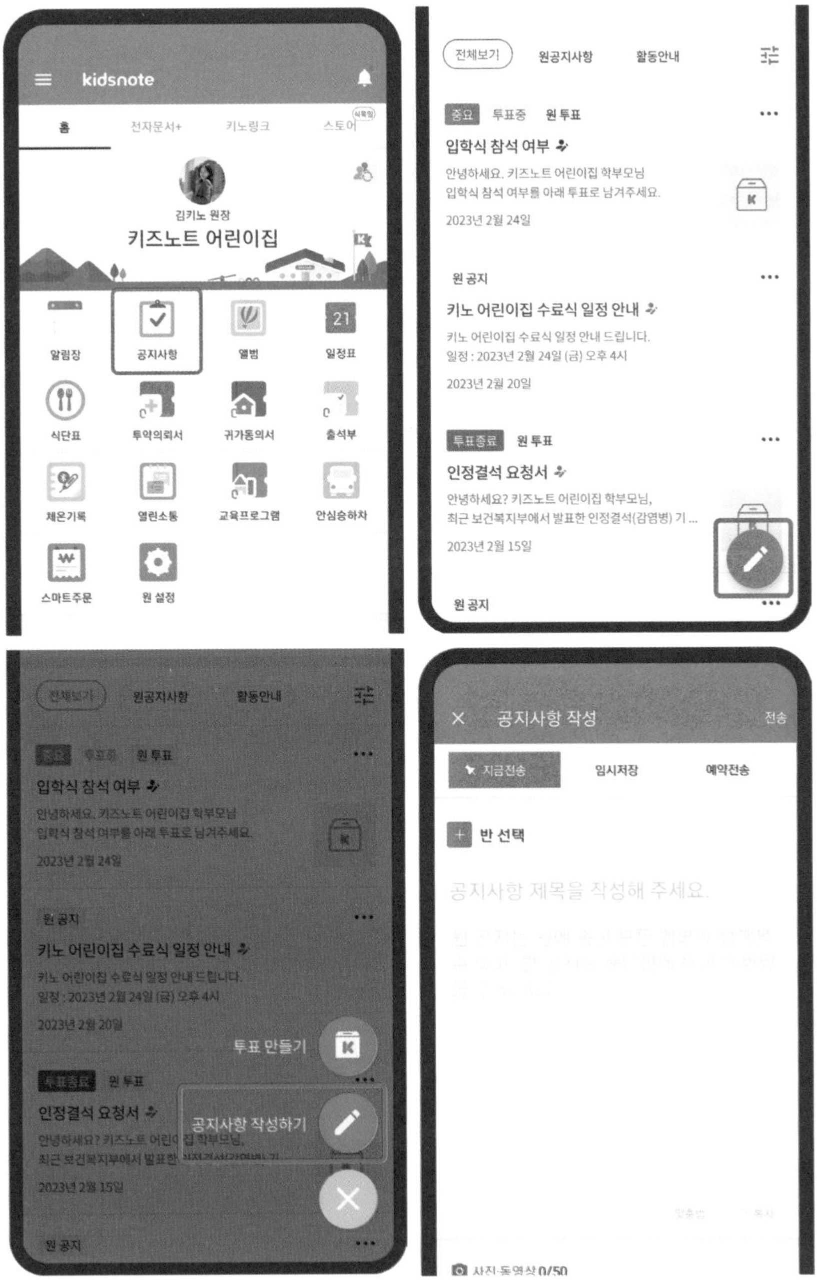

6 관찰일지의 활용

기관에서는 영유아의 발달과 관련하여 평균 월 1~2회 관찰일지를 기록하도록 하고 있습니다. 따로 문서를 만들어 작성할 필요 없이 키즈노트를 활용하여 관찰일지를 빠르고 간결하게 작성할 수 있다는 사실, 알고 계셨나요?

작성한 내용을 PC로 출력할 수도 있고, 평가제 기준에 충족하는지도 확인할 수 있어요.

Kidsnote TIP. 원아 입소 시 신입원아 적응일지를 관찰기록 기능으로 작성할 수도 있습니다.

7 정기적으로 이루어지는 개별 면담의 활용

기관에서는 영유아의 안정적인 발달과 바람직한 지원, 기관과 가정의 소통과 연계를 위해 연 2회 면담을 진행하게 됩니다. 매번 어떤 이야기부터 시작해야 할지, 어떤 내용을 전달하면 좋을지 고민하지는 않으셨나요? 또 면담 후 기록을 남길 때 어려움은 없으셨나요? 키즈노트를 활용하여 부모 개별 면담을 효율적으로 관리할 수 있습니다. 면담 기록 작성 형식을 원에서 사용하는 형식으로 변경 가능하며 출력하여 보관할 수 있습니다.

8 그 외 다양한 기능

키즈노트는 기관에서 활용할 수 있는 다양한 콘텐츠를 보유하고 있습니다. 기본적으로 종이 문서를 줄여주고 취합 및 보관, 관리 등을 용이하게 할 수 있다는 장점이 있어요! 체계적으로 관리할 수 있을뿐만 아니라 출력하여 보관도 가능합니다.

1. 보육일지

매일 기관에서의 일과를 기록하는 보육일지(놀이일지, 교육일지 등). 빠듯한 일정에 퇴근 후에도 집에서 일지를 쓰느라 힘드시진 않은가요? 별도로 시간을 내어 기록하지 않아도 모바일로 간단하게 작성할 수 있습니다. 원 서식에 맞게 작성이 가능하고 항목의 편집도 가능하니 효율적인 업무와 시간 절약을 위해서도 한번 활용해 보시면 좋을 것 같습니다. 무거운 노트북을 가지고 출퇴근하지 않아도 손쉽게 모바일로 미리 작성, 확인을 한 후에 PC로 출력이 가능합니다.

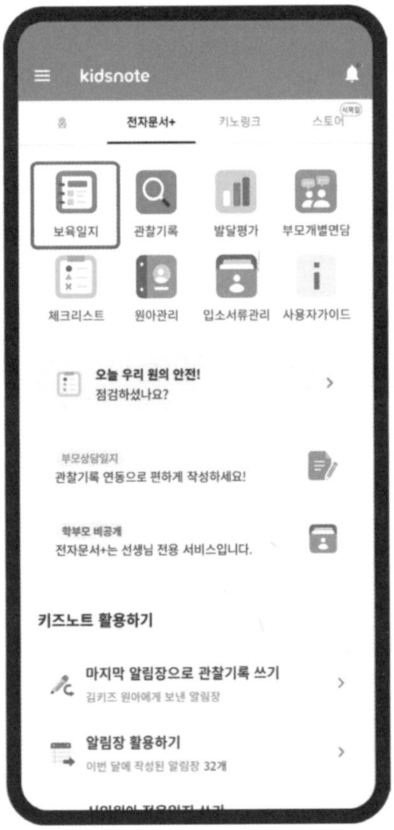

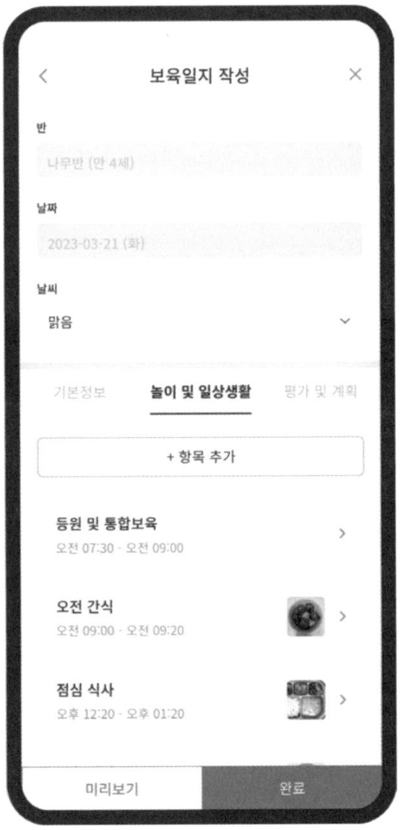

2. 문서함

기관에서는 다양한 문서의 서식을 관리하고 보존해야 하는 의무가 있는데, 키즈노트 전자문서+에서는 문서와 관련해서도 체계적인 기능으로 큰 도움을 주고 있습니다. USB에 담아 저장하고, 폴더별로 관리하던 불편함을 해소할 수 있습니다. 기관에서 사용하는 문서 파일을 원 공통의 문서함에서 관리하여 원 구성원과 공유할 수 있습니다. 원 상황에 맞게 폴더를 만들고 파일을 업로드 할 수 있습니다. 또한 웹 한글이 탑재되어 있어 한글 문서의 생성 및 편집이 가능합니다.

3. 키노링크

선생님 연락처를 알려달라는 부모의 요구에 당황했던 적 없으신가요? 개인정보뿐만 아니라 교사의 사생활을 보호하기 위해서 요즘에는 기관의 전화 외에 교사의 개인 전화번호를 안내하지 않는 원이 많습니다. 그럴 경우, 몇 대의 기관 전화를 여러 반이 함께 사용하기 때문에 번거롭고 불편한 경우가 적지 않습니다. 부모 입장에서는 매번 사무실에 전화해서 전달해 달라고 하기도 번거롭고, 담임교사는 직접 전달받지 못한 경우 전달 과정에서 내용이 바뀌거나 전달 자체가 누락되어 민원이 발생하는 일도 적지 않습니다. 키즈노트에서는 키노링크라는 기능을 활용하여 교직원의 개인번호를 노출하지 않고 학부모와 소통이 가능하도록 도와주고 있습니다. 통화 시작 시 추천 인사말을 제공하고 상담 가능 요일, 시간, 긴급연락처의 지정 등이 가능하여 교직원의 사생활이 보호되며 효율적인 상담 계획 및 운영이 가능합니다.

키노링크 사용방법

키노링크 메뉴에서 우측의 설정 아이콘을 선택하여 우리 원 상담이 가능한 요일과 시간을 설정합니다.

상담 가능 요일과 시간을 설정하지 않았을 경우 학부모님은 기본 설정된 시간과 요일에 통화를 요청할 수 있습니다.

따라서, 키노링크 이용 전 원의 상담 가능 요일과 시간을 설정해 주시는 것이 좋습니다.

설정한 상담시간 외 학부모가 키노링크 메뉴에 진입하는 경우 안내되는 문구도 원에서 직접 설정이 가능하며, 비상 연락처로 상담 시간 외 긴급 연락 수신 가능한 교직원을 설정할 수도 있습니다.

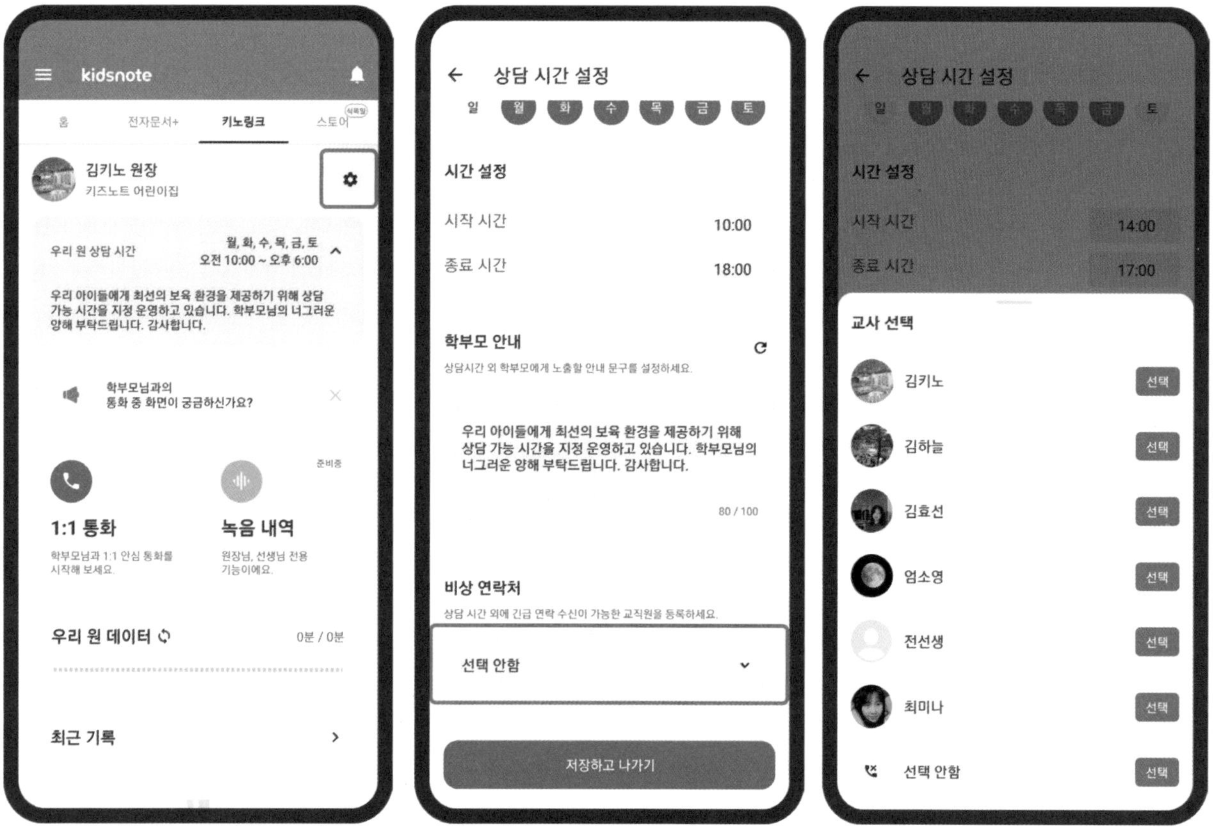

권한별로 통화 가능한 원아 목록이 다르게 보여집니다.

- 원장님 : 전체반 및 반별 원아 목록 확인 가능
- 교사 : 소속반 원아 목록만 확인 가능

1:1 통화 버튼을 누르면 원아 목록이 나타나며 목록에서 원아를 선택하면 통화가 시작됩니다. 만약 원아의 여러 부모님께서 계정을 함께 공유하는 경우, 대상을 직접 선택하여 통화를 시작할 수 있습니다.

지정한 원 상담 시간 외 학부모님이 통화를 시도할 경우 안내 팝업이 노출됩니다. 비상연락처 설정 유무에 따라 다음과 같이 학부모님께 안내되니 안심하고 원에서 필요한 시간에 키노링크를 이용해 보세요.

- 비상연락처를 설정한 경우 : 비상연락처에 설정한 교사와 통화가 가능합니다.
- 비상연락처를 설정하지 않은 경우 : 알림장으로 문의할 수 있도록 안내됩니다.

키즈노트를 사용하며 궁금한 점이 있다면 아래의 사이트를 참고하세요! 선생님들이 자주 묻는 질문에 대한 답변이 상세하고 친절하게 작성되어 있답니다.

https : //www.with-kidsnote.com/

Kidsnote TIP. 실제 학부모에게 보여지는 화면입니다.

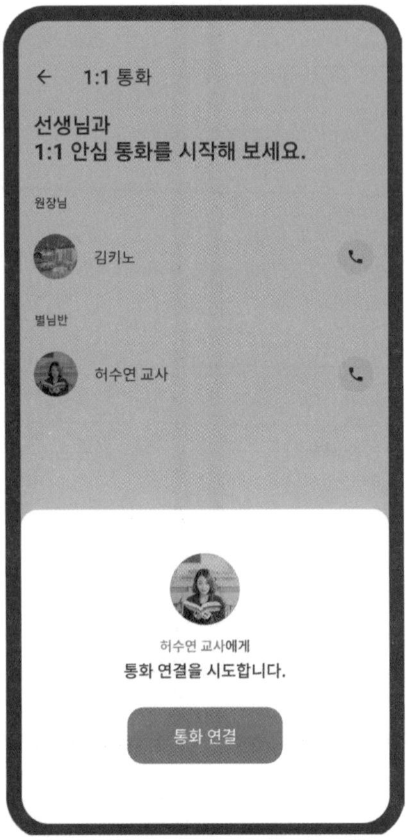

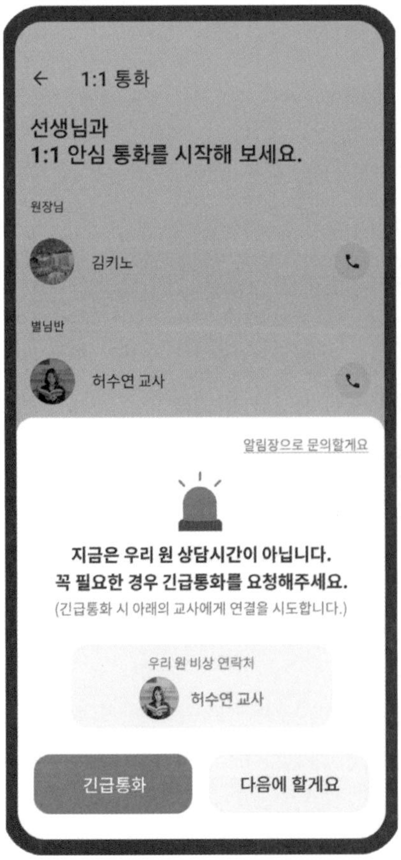

비상연락처 설정한 경우

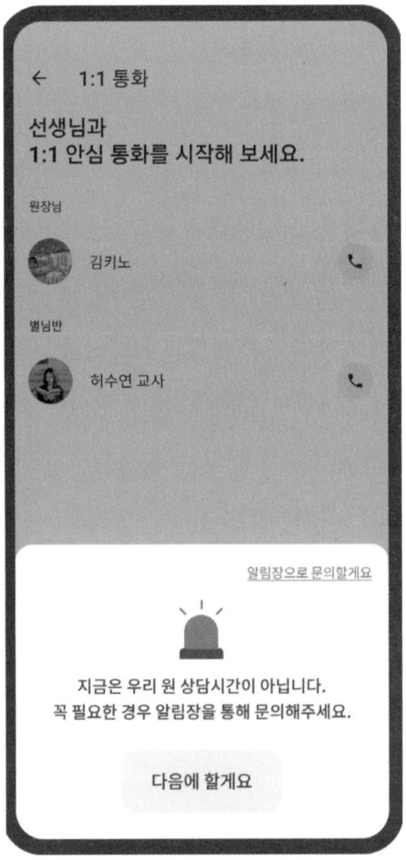

비상연락처 설정하지 않은 경우

조은쌤's 알림장 피드백

1. 사례1

이런 경우에는?

어머님 식사는 맛있게 하셨나요?

◦ 학부모의 개별적인 안부를 물으며 친근감을 드러내는 것도 좋지만, 정식의 인사로 시작하는 것이 좋습니다.

우리 친구들과 오늘은 동요를 부르며 즐겁게 하루를 시작했어요.

◦ 우리반 놀이에 대해 전달할 때에도 가능하다면 개인 원아의 반응을 함께 적어주시면 좋아요.

풍선에 매직으로 그림을 그리기도 하고, 선생님을 따라 신문지를 구겨 던지기 놀이도 하네요.

신문지를 크게 만들어 굴리는 모습을 보여주었더니 우리 친구들도 만들어 달라고 해요.

◦ 놀이 중 아이들의 반응, 요청사항이 있었다면 교사는 어떻게 지원하였는지, 가정에서 함께 해서 아이들에게 도움이 될 만한 내용도 전달해 주세요.

날씨가 많이 쌀쌀해 졌어요. 감기 걸리지 않게 조심하세요. 다음 주에 뵐게요.^^

◦ 마무리 인사 및 건강과 관련된 당부 사항도 조금 더 내용을 보완해 주시면 좋겠습니다.

이렇게 바꿔볼게요!

어머님 안녕하세요.^^

언제나 웃음이 가득한 미소반 교사입니다.

오늘은 우리 친구들이 좋아하는 상어가족 동요를 듣고 또 부르며 하루를 시작해 보았어요.

우리 현지는 아기 상어가 제일 좋다고 이야기 해주네요.^^

우리 미소반 친구들이 좋아하는 풍선으로 놀이를 해보았어요! 현지는 풍선에 매직으로 그림을 그리고 던지고 받는 놀이에 흥미를 보였답니다.

친구들과 신문지 놀이를 하는 선생님을 보고 다가와 함께 놀이하고 싶다고 표현을 하는 현지예요. 학기 초보다 적극적으로 마음을 표현하는 현지를 격려해 주고 칭찬해 주었습니다.^^

신문지를 크게 굴려 현지만큼 높이 쌓아 보기도 하고, 신문지 격파 놀이도 해보았답니다! 친구들과 까르르 웃으며 즐거워하는 모습이었어요. 집에서도 대소근육 발달에 도움이 되는 풍선, 신문지 놀이를 함께 해 보시는 것도 좋겠습니다.

날씨가 많이 쌀쌀해 져서 감기에 걸리는 친구들이 있어요. 우리 미소반 친구들 건강하게 겨울을 날 수 있도록 함께 살펴봐 주세요. 아이들과 즐거운 주말 되시길 바랍니다.

감사합니다.

2. 사례2

이런 경우에는?

안녕하세요.

우리 새싹반 친구들과 안전하게 소풍을 다녀왔습니다.

버스를 타고 가면서 은행 나무에 노란 은행이 달려있네 하니 "은행에서는 똥냄새가 나"하고는 웃어보입니다.

창밖으로 보이는 나무 친구들과 인사를 하다 보니 벌써 도착하였습니다.

박물관 안에 들어가 다양한 놀이도 하고, 공룡도 관찰했습니다. 우리 친구들이 신기해 하며 박수를 치기도 합니다.

가정에서도 우리 친구들이 어떤 경험을 했는지 즐겁게 대화 나누어 보시기 바랍니다.

우리 친구들과 내일도 즐겁게 보내겠습니다.

이렇게 바꿔볼게요!

안녕하세요!

등원을 하며 있었던 이야기를 하며 즐거운 모습을 보이는 우리 새싹반 친구들입니다.

- 소풍을 가는 날은 아이들에게 가장 기다려지는 날입니다. 등원시의 설레임 가득한 모습을 전해 주시면 생동감이 더욱 느껴지겠지요?

소풍을 가는 것에 대한 기대와 설레임을 표현하며 안전에 대해서도 함께 이야기를 나누어 보았어요! 우리 새싹반 친구들 선생님의 질문에도 척척 잘 대답해 주고, 버스를 타고 내릴 때에도, 이동을 할 때에도 선생님과 함께 한 약속을 잘 지켜주었답니다!

- 안전과 관련된 부분도 매일 하고 있지만 전달하지 않으면 학부모는 모를 수 있답니다. 한번씩은 안전 교육 지도 과정에 대해서도 언급해 주시기 바랍니다.

버스를 타고 가며 보이면 나무와 주변 풍경에 대해서도 이야기를 나누어 보았어요. 은행 나무에 노란 은행이 달려있네 하니 "은행에서는 똥냄새가 나"하고는 웃어보입니다. 단풍나무, 감나무와도 안녕! 하고 인사를 나누다 보니 금세 도착하였답니다.

박물관에는 우리 친구들이 좋아하는 공룡과 동물, 다양한 자연물이 전시되어 있었습니다. 아이들과 함께 자세히 살펴보며 이름도 알아보고 특성도 살펴볼 수 있었어요. 박물관 리플렛도 함께 보내드리니 아이들과 이야기를 나누어 보시면 좋을 것 같습니다.

- 소풍을 다녀올 때 해당 공간에 관련 자료(카드, 엽서, 리플릿 등)이 있다면 챙겨 주시는 센스를 발휘해 주세요!

내일은 우리 친구들과 박물관에서 본 것들을 연상하며 관련된 놀이를 해볼까 합니다.

- 내일 일과에 대한 간단한 안내를 통해 놀이과 일상의 연계, 확장 지원 등 전문가로서의 놀이 계획을 보여줄 수 있습니다.

소풍을 다녀와 피곤하지 않도록 저녁에 충분하 휴식을 취할 수 있도록 살펴봐 주세요. 우리 예쁘고 사랑스러운 새싹반 친구들과 즐거운 저녁 시간 되시길 바랍니다. 감사합니다! ^^

3. 사례3

이런 경우에는?

안녕하세요~ 어머니^^

채연이는 오늘 자유놀이를 하며 어제 놀이한 색 종이컵을 이용해 확장 놀이해보았어요.

고정된 종이컵에 색깔 이름 불러가며 뿅뿅 쳐보기도 하고 친구들과 마음껏 두드리기도 하며 즐겁게 활동해 보았습니다!

뿅뿅~큰소리가 나니 신기한 표정도 지어보네요.^^

점심 잘 먹고 치카하고 잠든 채연입니다.^^

비가 많이 오는 것 같네요~안전 운전하시고 편안한 주말 보내세요~ 어머니^^

※ 채연이 물티슈 보내주세요~^^

이렇게 바꿔볼게요!

안녕하세요. 어머니^^

채연이는 자유놀이 시간에 어제 활동했던 종이컵을 가지고 다양한 놀이를 해보았습니다. 색과 모양을 표현하기도 하고 키만큼 높이 쌓기도 했어요.

선생님이 같은 색의 컵끼리 분류해 새로운 방법으로 탑을 쌓았더니 신기하다는 표정을 지어 보이며 박수를 치며 좋아합니다!

점심 시간에는 특히 콩나물 반찬을 맛있게 먹었어요! 나물 반찬을 잘 먹는 채연이를 칭찬해 주었더니, 고개를 끄덕이며 꼭꼭 씹어 먹는 모습을 보라며 손가락으로 가리키네요^^

비가 많이 오기 시작했어요! 채연이도 창밖을 보더니 "비" 라고 표현을 해요. 날씨에 대해서도 관심이 많은 우리 채연이, 이제는 단어 표현도 많이 늘어 다양하게 이야기 하는 모습을 보여주어요!

비를 좋아하는 채연이와 우산 쓰고 빗길을 산책하는 것도 재미있을 것 같아요.^^ 비오는 날 볼 수 있는 지렁이와 달팽이 친구들을 찾아보는 것도 좋겠습니다.

우리 예쁜 채연이와 즐거운 주말 되세요!

※ 채연이 배변 후 사용할 물티슈를 보내주세요!

- 문장을 쭈욱 이어 작성하는 것보다는 문단을 나누어 시간대별로 활동별로 기록하는 것이 보기 좋습니다. 아이의 발달 과정에 보여지는 다양한 수준의 반응은 양육할 때 도움이 되는 중요한 정보이니 표현의 정도가 달라졌을 때 한번씩 전해 주시는 것이 좋겠습니다. 아이들과 함께 할 만한 놀이를 추천함으로써 평소 아이에 대해 교사가 많은 애정과 관심을 가지고 있구나 하고 느끼기도 합니다.

4. 사례4

이런 경우에는?

우리 규리 오늘은 오전 죽을 안 먹으려고 해서 걱정 했더니 산책 나가서 실컷 놀고 나서는 점심은 국물이랑 닭고기 해서 한그릇 다 먹었어요. 약도 잘 먹고 이뻐서 칭찬해줬네요.

오늘은 종이 벽돌 블록으로 놀이해봤는데요, 그 전 놀이는 종이 벽돌 블록으로 집을 지으면 친구들이 같이 들어가 놀이하곤 했는데 오늘은 모두 각자의 집을 짓겠다 해서 어린이집의 모든 종이 벽돌 블록을 제공해 줬더니 각자 집을 지어보고 그 안에서 놀이하는 모습을 보이네요.

규리가 "늑대 오면 안돼요" 하면서 집을 높이 쌓는 모습을 보였답니다.

우리 규리 산책 나가서 햇살 아래서 일광욕도 하고 놀이터에서 신나게 뛰어 놀아 점심도 잘 먹었나 봐요.^^

이렇게 바꿔볼게요!

안녕하세요! OO반 교사입니다. ^^

우리 규리가 오늘은 오전 간식이 입에 맞지 않았나 봅니다. 억지로 권하지 않고 먹을 수 있는 만큼 먹도록 도와주고, 격려해 주었습니다.

산책을 나가 따뜻한 햇빛을 쬐어보기도 하고, 그림자를 찾아보기도 하였지요! 놀이터에서 미끄럼틀을 타고 신나게 뛰어 놀기도 하였습니다.

산책을 다녀온 뒤에는 점심을 맛있게 먹었답니다. 국과 닭고기 반찬을 맛있게 먹었어요. 한그릇을 깨끗이 다 먹었답니다.^^ 약도 잘 먹는 규리에게 칭찬도 듬뿍 해주었습니다.

오늘은 친구들과 종이 벽돌 놀이를 했는데, OO반 친구들이 예전과 다르게 함께 짓기 보다는 각자 집을 만들어 보고 싶다고 표현을 하였어요. 충분하게 놀이할 수 있도록 종이 블록을 더 제공해 주어 우리 친구들과 집을 만들어 보았어요.

규리는 "늑대가 오면 안돼요!" 하고 손사래를 치며 집앞에서 자신이 생각한 이야기를 설명해 주었어요. 벽돌 블록을 높이 쌓았답니다. 아마 아기돼지 삼형제 동화가 떠올랐나봐요. 평소에 동화책을 잘 보고 표현하는 우리 규리가 오늘은 블록으로 생각을 표현하였어요!

규리는 오늘도 밝고 건강한 모습으로 즐거운 하루를 보냈답니다.^^ 집에서도 행복한 시간 되기를 바라요.

감사합니다.

◦ **일과에 대한 반응이 평소와 조금 다른 경우에는 교사가 어떻게 대응을 했는지도 함께 기록해 주세요. 워낙에 영유아 교육 기관에 대한 좋지 않은 사건이 많이 거론되며, 작은 일에도 지레 겁을 먹거나 의심과 걱정부터 하는 학부모들도 더러 있기 때문입니다. "~네요" 라는 문장의 마무리는 친근함을 표현할 수 있지만 교사보다는 이웃집 이모와 나누는 대화처럼 느껴질 수도 있어요. 항상 같은 마무리를 하기는 어렵지만 "~네요" 라는 말 보다는 가능하다면 "~어요." "~해요" 등의 마무리를 추천합니다.**

5. 사례5

이런 경우에는?

오늘 은수와 함께 바깥 놀이를 하다가 소방대피훈련 "3층 조리실에서 불이 났어요" 를 하였습니다~^^

재밌게 바깥놀이를 하다가 비상벨이 울리니 선생님 곁으로 와서 대피를 한 은수였습니다.

오늘은 쌓기 놀이로 "베베블럭을 쌓아요"를 하였습니다. 소근육을 이용해 쌓기도 하고 겹쳐 보기도 하며면서 놀이하다가 컵에 음료수를 따라주면서 역할 놀이로 연계가 되어 놀이하였습니다.^^

은수가 오늘 오후 간식을 먹다가 쉬가 마렵다고 해서 화장실에 갔는데 좀 지려서 팬티 갈아입혔습니다.^^

은수 팬티가 한 장 남았습니다.^^

※ 은수 팬티 한 장 보내주세요.

※ 은수 칫솔 교환시기가 되었습니다.^^ 칫솔 보내주세요!

이렇게 바꿔볼게요!

안녕하세요! OO반 교사입니다.

오늘 OO반 친구들은 아침부터 기분이 좋았답니다! 봄에 볼 수 있는 다양한 나비나 곤충 이야기를 하며 여러 가지 블록 및 놀잇감으로 오전 시간을 보냈습니다. 은수는 리본막대를 휘두르며 공주가 되었다며 이야기를 하네요!^^

점심 전, 바깥 놀이를 다녀왔어요. 아이들과 함께 미끄럼틀 놀이를 하며 즐거운 시간을 보내고 있는 중 비상벨이 울렸어요. 바깥 놀이를 하다가 사이렌 소리를 듣게 되어 놀라지 않았을까 걱정했는데, 우리 은수와 친구들 모두 당황하지 않고 선생님 곁으로 다가와 빠르게 대피를 할 수 있었습니다!

이번 주 우리 은수는 교실에서 쌓기 놀이를 자주 하는 모습을 보이고 있어요. 블록을 쌓거나 겹치며 놀이하기도 하고 음료수인 듯 따라주며 역할 놀이를 하는 모습도 보여주어요. 선생님한테도 예쁜 컵에 주스를 담아주었답니다.^^

지금은 쿨쿨 낮잠을 자고 있어요! 오후 시간도 즐겁게 보내고 안전하게 하원하겠습니다! 감사합니다.^^

※ 오후 간식을 먹다가 쉬가 마려워 이동을 하던 중 작은 실수가 있어 속옷을 갈아입었습니다.

※ 배변에 대해 긍정적으로 경험하고 인식할 수 있도록 자주 이야기 나누며 격려하겠습니다.

※ 은수의 여벌 속옷과 새 칫솔을 준비해 보내주세요!^^

- **알림장의 시작은 인사로 시작해 주세요! 놀이를 하는 모습이나 자주 접하지 못하는 대피 훈련 등의 새로운 에피소드는 조금 더 구체적으로 기록해 주시면 전달도 잘 될뿐더러 기관에서의 생활을 이해하는 데에 도움이 됩니다. 배변 실수의 경우에도 표현을 정돈해서 작성해 주시면 좋습니다!**

※ 피드백 예시 자료 제공에 협조해 주신 조은쌤 키즈노트 온라인 강의 수강생 여러분께 감사의 말씀 전합니다.

조은쌤's 부모 대응 예시

1. 사례1. 선생님 씻기다 보니 상처가 있는데, 누가 세게 잡아 당긴 것 같아요.

안녕하세요 어머님! 우리 소민이에게 상처가 있었는데 제가 미처 살펴보지를 못했나 봅니다. 지금은 어떤가요? 사진을 보니 놀이 하다가 다친 듯 합니다. 우선 내일 어떤 상황이 있었는지 살펴보고 전달드리도록 하겠습니다. 소민이가 아프지 않았을까 걱정되네요. 내일 소민이를 만나면 상처도 다시 살펴보고 이야기를 나누어 볼께요. 일과를 진행하며 소민이가 다치지 않고 잘 지낼 수 있도록 살펴보겠습니다. 전달해 주셔서 감사합니다.

어머님, 등원 후 소민이의 상처를 보니 따끔했을 것 같아요. 이야기를 나누어 보니 블록 놀이를 하다가 친구와 마찰이 있었던 것 같습니다. 출근 후 원장님께 상황을 전달하고 어제 놀이 과정을 영상으로 살펴보았는데 소민이의 말대로 놀이하다가 친구와 다툼을 하는 과정에서 생긴 상처 같아요. 친구에게도 놀이하다가 불편할 경우 때리거나 잡아당기지 않고 선생님에게 도움을 요청할 수 있도록 잘 전달하였습니다. 소민이에게도 속상한 일이 생기거나 다치게 되면 바로 이야기 해달라고 전하였어요. 저 역시 놓치는 부분이 없도록 유심히 살펴보며 지도하겠습니다. 오늘은 친구들과 사이좋게 잘 지내는 모습이었습니다.

◦ 아이의 상처는 기관에서 생겼을 수도 있지만 가정에서 미처 보지 못한 경우도 있을 수 있습니다. 작은 상처에도 민감하게 반응하는 학부모가 있기도 합니다. 등원을 할 때에 영유아의 건강 상태를 체크하며 함께 확인해 주시는 것이 좋습니다. 학부모가 상처에 대해 의문을 가지는 경우에는 늦은 시간이라 하더라도 당일 답변을 해주시는 것이 도움이 됩니다. 정확하게 알지 못하는 상처라면 익일 상황에 대해 파악한 후 상처가 생긴 정황을 전달해 드리겠다고 안내해 주세요. 상처는 놀이하다 보면 생길 수 있지만 당연히 다칠 수 있으니 부모가 이해해 주어야 한다는 느낌으로 전달되지 않도록 앞으로 함께 유의하여 안전 지도를 하겠다는 내용을 전해 주시는 것이 좋습니다.

2. 사례2. 집에 오면서 내내 "선생님이 무서워", "맴매 했어"하고 이야기 하는데...

안녕하세요. 어머님! 우리 지호가 오늘 교구장에 올라가는 모습이 자주 보여져 위험하니 내려오자고 이야기를 한 적이 있는데, 지호 마음에 선생님이 하는 이야기가 서운하고 불안했었나 봅니다. 안전에 대해 지도를 하는 과정에서도 아이의 마음을 공감하고 오해 없이 잘 전달될 수 있도록 하겠습니다. 이야기를 나누는 과정에서 지호가 선생님이 손을 잡아 내려주는 부분이 그렇게 생각되었나 봅니다. 아이가 표현을 할 때에 잘 들어 주시고, 선생님이 우리 지호가 다칠까봐 많이 걱정해서 도와주신 거라고 전달해 주세요. 어린이집에서도 지호에게 잘 설명해 주고 조금 더 부드럽게 대하는 모습으로 지호의 마음을 달래어 주겠습니다. 말씀 전해주셔서 감사합니다. 아이를 지도하는 과정에서 있었던 상황도 앞으로 잘 전달 드리도록 하겠습니다.

◦ 훈육의 과정이 있었다면 아이가 전달하여 오해가 생기기 전에 교사가 먼저 전달하는 것이 필요합니다. 아이가 표현할 수 있는 단어는 제한적이고, 상황에 대해 정확히 기억하고 표현하기 보다는 이전의 기억에 보태어 이야기 하거나 강하게 표현하여 관심을 끌려고 하는 등 예상치 못한 상황이 있을 수 있기 때문입니다. 교사 스스로 돌아보았을 때 훈육의 과정에 문제가 없었다 하더라도 아이가 속상하고 무서운 마음이 들었다면 그 마음은 인정하고 수용해 주는 자세를 보여주시는 것이 바람직하겠습니다. 앞으로의 지도 계획과 소통에 대해서도 함께 언급해 주시어 신뢰를 회복해 주세요.

3. 사례3. (주말)선생님, 우리 다은이가 선생님이 보고싶다고 해서요!

주말에 우리 다은이가 선생님이 보고 싶다고 이야기 했군요! 알림장 내용을 확인하고, 월요일 등원하는 다은이와 더 반갑게 인사를 나누며 "선생님도 우리 다은이가 정말 보고싶었어" 하고 이야기를 해주니 선생님을 꼭 안아주는 다은이었답니다.

◦ 가끔 퇴근 이후 저녁 시간이나 주말에 알림장을 작성하거나 전화를 하는 학부모가 있을 수 있습니다. 퇴근 이후의 시간과 주말은 교사의 사적인 시간이므로 급한 내용이 아니라면 답변하지 않고, 일과가 운영되는 평일 시간을 통해 전달해 주셔서 학부모가 협조할 수 있도록 이끌어 주세요. 답변을 따로 기록하기 보다는 알림장의 내용에 연속적으로 작성해 전해 주시는 것도 좋습니다.

4. 사례4. (퇴근 후) 선생님! 내일 우리 민서 어린이집(유치원) 안 가요!

안녕하세요! 어머님. 어제 민서가 결석을 한다고 전해 주셨네요. 우리 민서가 혹시 아파서 결석을 하는 걸까요? 미리 전달해 주셔서 감사합니다. 출석 인정이 되는 사유인지 확인할 수 있도록 어떤 이유로 결석을 하는지 댓글 부탁드립니다. 감사합니다.

- 위의 내용과 비슷한 상황입니다. 퇴근 후 시간의 알림장 내용은 교사가 확인은 하되, 긴급한 내용이 아니라면 업무 시간(알림장 작성 시) 내용에 대해 확인하거나 안내 사항을 전달해 주시면 됩니다.

5. 사례5. 우리 반에 코로나 걸린 친구가 누구인지 알려주세요.

안녕하세요 어머님! 우리 반에 코로나로 인해 결석을 하는 친구가 있어 염려가 되실 것 같아요. 원 방침으로 질병에 감염된 친구의 개인 정보는 알려드릴 수가 없음을 양해해 주시기 바랍니다. 어린이집에서 적극적으로 방역 및 소독, 아이들의 건강과 위생관리를 위해 애쓰도록 하겠습니다. 이해해 주셔서 감사합니다.

- 전염성이 있는 질병의 경우 학부모가 민감하게 반응할 수 있습니다. 상황에 대해 전달은 하되, 누구로부터 시작되었다 라고 생각하지 않도록 개인 정보는 노출하지 않는 것이 좋습니다. 전달하는 내용에 서운함을 느끼거나 오해를 가지기도 하니, 걱정이 되어 묻는 부모의 마음을 먼저 헤아리는 표현으로 시작해 주시는 것이 자연스럽습니다.

6. 사례6. 우리 수린이가 또 친구한테 물려왔는데, 선생님 신경 좀 써주세요.

안녕하세요 어머님. 우리 수린이가 놀이하며 친구에게 자주 물려 상처가 남아 속상하실 것 같아요. 저도 수시로 살펴보며 다치지 않고 잘 놀이할 수 있도록 지도하고 있는데, 아이들이 놀이 하다 보면 순간적으로 행동을 하는 경우가 있어 요근래 자주 상처가 생긴 것 같습니다. 앞으로 놀이 시에는 조금 더 민감하고 빠르게 대응을 하며 친구들과 잘 놀이하며 지낼 수 있도록 살펴보겠습니다. 또 자주 밀고 때리거나 무는 행동이 있는 친구들의 가정과는 상담을 통해 행동이 개선될 수 있도록 도와주고 있습니다. 해당 가정에서도 적극적으로 아이의 행동 지도를 해주고 계셔서 좀 더 안정적인 일과의 운영이 가능할 것 같습니다.

◦ 아이러니 하게도 신경을 많이 쓰는 아이가 더 많이 다치고, 다치는 것에 민감한 가정의 원아가 더 자주 다치는 것 같습니다. 작은 상처라도 반복적으로 생기거나 교사가 놓치는 경우가 많게 되면 부모와의 관계에서 어려움이 생기기도 합니다. 작은 상처라도 부모는 속상한 마음을 표현할 수 있습니다. '집에서는 맨날 멍들고 까지면서 이렇게까지...?' 하는 생각이 들어 한숨부터 나올 수 있겠지만, 학부모의 입장과 마음을 공감해 주시고 보다 잘 지도하겠다는 내용은 전달해 주시는 것이 좋습니다. 이 때에 다치지 않고 놀이할 수 있도록 하겠다는 절대적으로 불가능한 약속은 하지 말아주세요!

공지 사항 작성 예시

1. 사례1. 코로나 확진 전달 및 방역 수칙 안내

안녕하십니까? 000 어린이집 원장입니다.

주말 잘 보내고 계신가요?

다름이 아니라 주말 중에 코로나 추가 확진 발생이 있어 전달드립니다.

영아반에서 주말 동안 미열 증상이 있어 자가 진단 키트로 확인한 결과 양성반응이 보여 기관에 전달해 주셨습니다. 해당 원아와 어머님이 양성으로 보여지고, 이외의 가족구성원은 현재까지 음성으로 판단되어 집니다. 추가 확진이 있을 경우 다시 안내해 드리겠습니다.

1. 해당 영아반에는 별도로 공지해 드릴 예정입니다.

   예상치 못하게 코로나 확진이 보여지고 있습니다. 아이들 건강관리에 함께 유의해 주시기 바랍니다. 어린이집에서도 더욱 위생, 방역 관리에 힘쓰도록 하겠습니다.

2. 해당 영아반은 등원 전 발열 체크를 해주시고, 월요일 오전 자가진단 실시 결과 제출 후 등원을 해주시기 바랍니다(자가진단 키트가 없어서 가정에서 진단을 하기 어려운 경우, 어린이집에서 지원할 수 있도록 별도로 요청해 주시기 바랍니다.).

2. 사례2. 학기 별 안내 사항_ 만족도 조사, 건강 관리, 가정학습기간 수요 조사 등

1. 매월 초는 필요경비 수납일입니다.

우리은행/ ○○어린이집 000-0000-0000

경비 내역은 동일합니다.

차량비의 경우, 이용여부에 따라 차이가 있을 수 있습니다. 문의 사항이 있을 경우 사무실로 전화 부탁드립니다.

2. 원복을 신청하시는 경우, 담임교사에게 옷 사이즈를 전달해 주시기 바랍니다. 00월부터는 원복 혹은 회색 계열의 복장을 착용해 주세요.(매주 화요일, 혹은 소풍 시)

3. 다음 주 0일은 00 동물원(30분 소요)에 소풍을 갑니다.

아이들이 활동하며 손이 시렵지 않도록 손에 맞는 장갑을 준비해 보내주시기 바랍니다.(목도리와 모자 등을 착용하는 경우에는 안쪽에 이름을 적어주세요.)

※ 소풍 시 기존에 제공했던 볶음밥 외에도 김밥을 추가 제공하고자 합니다. 보육법에 따라 김밥 제공 여부에 대한 동의 조사를 실시하겠습니다.

※ 학부모의 의견을 반영하여 00월부터는 소풍 시 제공하는 식단을 공지사항으로 전달드리겠습니다.

4. 보내주신 만족도 및 의견 조사서의 내용을 검토하고 있습니다. 어린이집의 안정과 발전을 위해 함께 고민해 주시고 좋은 의견을 내어주신 부모님들께 감사의 말씀 전달드립니다.

더 좋은 내용의 교육과 프로그램의 반영으로 우리 아이들이 최선의 환경에서 즐겁게 잘 배워나갈 수 있도록 최선을 다하겠습니다. 반영된 내용은 0월 1-2주차에 전달드릴 예정입니다.

5. 매서운 겨울 날씨에 감기에 걸린 원아들이 많습니다. 콧물이나 기침이 심한 경우, 발열이 있는 경우는 가급적 가정에서 보육해 주시기를 권유드립니다. 어린이집에서도 영유아의 건강 관리에 항상 유의하도록 하겠습니다.

6. 00월 1주차에는 학부모 도우미 운영을 합니다. 모든 부모님을 모시고 싶지만, 여건상 반 당 한분의 부모님을 모시게 되었습니다. 이후에도 다양한 부모 참여 프로그램을 계획하여 많은 기회를 함께 하도록 하겠습니다(1월 중 특별활동 참관 수업 예정-전체 학부모 대상). 도우미 활동과 시간, 내용은 반별로 상이합니다. 교사 회의를 거친 후 안내문은 월요일에 발송해 드리겠습니다.

7. 행사 관련 안내

1) 12월 5일(월)에는 우리반을 예쁘게 꾸며볼 예정입니다. 주말 동안 크리스마스 소품을 준비해 보내주세요!(개수는 2개이하 입니다.)

2) 12월 8일(목)에는 마지막 겨울 숲놀이가 이루어집니다. 날씨가 추워 바깥 놀이를 원치 않는 경우, 담임교사에게 사전에 전달해 주시기 바랍니다. 놀이 시간은 가급적 점심 후로 배치할 예정입니다.

8. 소풍 관련 안내

12월 8일을 끝으로 실외 소풍은 생략하고 실내공간을 방문하는 소풍으로 계획하고 있습니다.

1) 아쿠아리움 : 준비물-원복, 물병, 편한 신발 등

2) 00 어린이 박물관 : 준비물-상동

※ 000어린이집은 영유아의 안전을 위하여 0000년 올해 30분 이상 소요되는 거리의 공간으로의 방문은 계획하고 있지 않습니다.

9. 가정학습기간 수요 조사 안내

가정학습기간은 12월 마지막 주 입니다. 당직 교사 및 대체 교사의 투입으로 보육은 동일하게 운영됩니다.

가정학습기간 동안의 등원 계획을 마련하시어, 다음 주중 보내드리는 수요조사서에 기입해 주시기 바랍니다.

등원 계획의 변경 시 기간 전에는 담임교사에게 수정 요청하시면 됩니다.

(기간 후, 어린이집 전용 핸드폰으로 전달 바랍니다.)

10. 기타 관련하여 문의사항이 있으실 경우, 원으로 문의 주시기 바랍니다. 감사합니다.

3. 사례3. 소풍 안내

안녕하세요! OOO 어린이집 원장입니다.

오늘은 어린이집 친구들과 OO 키즈카페에 방문하는 날입니다 .

차량 운행의 경우, 안전하게 운행할 수 있도록 반드시 시간 전 대기해 주시기 바랍니다.

※ 차량 운행 시간은 이번 주중 약간의 변동이 있을 수 있습니다. 이 점 거듭 양해 부탁드립니다.

※ 정확한 인원 파악을 위하여 등원을 못하거나, 소풍에 참여하기 어려운 경우, 오전 중에 어린이집 전용 핸드폰으로 문자 전송해 주셔야 합니다.

도보 등원 원아들은 9시 30분까지 등원해 주시기 바랍니다.

9시 40분 이후 등원할 경우 배차된 차량에 탑승이 어려울 수 있습니다.

소풍에 참여하지 못할 수있으니 반드시 시간을 준수해 주시기 바랍니다.

오늘은 키즈카페에서 볶음밥을 먹게 됩니다.

아이들의 식사 도구(숟가락, 포크, 젓가락)와 담임교사 요청 시 물통 등을 준비해 주시면 됩니다.

※ 식판은 가지고 오지 않습니다.

※ 오전간식은 생략될 수 있습니다.

아이들과 즐거운 시간 보내고 안전하게 다녀오겠습니다.

등원 시 부모님께서도 언제나 잘하는 우리 OOO 친구들이 오늘도 어린이집 선생님의 지도를 잘 따를 수 있게 격려해 주시기 바랍니다.^^

감사합니다!

4. 사례4. 독감 확진 사례 안내

안녕하십니까! 000 어린이집 원장입니다.

겨울이 되며 독감이 유행하고 있어 각별히 주의해야 겠습니다.

아직 독감 예방 접종을 하지 않은 경우에는 수일 내에 접종을 하시기를 적극 부탁 드립니다.

다름이 아니라, 오늘 등원한 아동 중 A형 독감 판정을 받은 원아가 있어 긴급히 공지사항을 전달합니다.

해당 아동은 컨디션이 좋지 않아 조퇴를 한 후 병원에서 코로나 및 독감 검사를 실시한 결과 독감에 걸렸음을 알게 되었습니다. 해당 원아는 완치 판정을 받을 때까지 가정에서 보육을 하게 됩니다.

모쪼록 빠른 쾌유를 하여 건강한 모습으로 다시 만나기를 바랍니다.

독감 원아가 소속된 반에는 별도로 안내해 드릴 예정입니다.

그 외의 반 친구들 역시, 통합 보육 및 차량 이용, 행사 참여 등으로 영향을 받을 수 있으므로, 등원 전 발열 체크 및 컨디션 확인을 꼼꼼히 해주시기 바랍니다.

어린이집에서도 전체 소독 및 방역을 실시하도록 하겠습니다.

추가로 발생하는 원아가 있을 경우, 전체 공지 및 반 공지를 통해 전달하겠습니다.

감사합니다.

5. 사례5. 학부모 참여수업 안내 - 사전 공지사항에 변경이 있을 경우

안녕하십니까! 000어린이집 원장입니다.

주말 지나며 더 추워진 날씨에 염려가 많으실 것 같습니다.

다행히 오늘 오후부터는 날씨가 조금 따뜻해 진다고 합니다. 또한 이번 참여수업은 참석율도 매우 높은 편이어서 연기 없이 진행하도록 하겠습니다.

아이들 옷차림은 따뜻하게 해주시고, 너무 두꺼운 겉옷은 오히려 땀이 나 감기에 걸릴 수 있으니, 옷 두께는 건강 및 컨디션 등에 따라 적절히 조절해 주시기 바랍니다.

약간 두툼한 옷을 여러겹 함께 입혀 주시거나 조끼 등을 입혀주셔도 좋을 것 같습니다.

숲에서 진행하므로 바람이 꽤 세게 불 수 있겠습니다.

목수건 등을 함께 착용해 주시면 좋겠습니다. 부모님들도 따뜻한 옷차림으로 뵙겠습니다.

예상보다 빠르게 다가온 추위로 내일 전달 드릴 내용의 프로그램의 운영 시간 및 순서에 약간의 변경이 생겼습니다.

내일 각 조의 대표 선생님의 전달 사항을 잘 숙지하여 주시기 바랍니다.

개별로 체험장으로 오시는 분들은 000 숲 체험장으로 10시 30분까지 오시면 됩니다.

어린이집 버스로 오시는 분들은 어린이집 후문 앞에 9시 55분까지 도착해 주시면 됩니다.

10시 30분에 시작할 수 있도록 시간 엄수 부탁드립니다.

2-1, 2-2코스를 이용하는 친구들은 차량 시간이 10~15분 가량 앞당겨집니다.

정확한 시간 안내는 문자로 전달 드릴 예정이니, 시간 전에 나와 대기해 주시기 바랍니다!

※ 도보 원아들은 9시 20분까지 등원을 부탁드리겠습니다.

행사의 마무리는 12시 50분~12시 55분으로 예상됩니다.

그럼 내일 뵙겠습니다. 감사합니다!

10시 30분에 바로 프로그램을 시작할 수 있도록 시간은 엄수하여 주시기 바랍니다.

당일 오전 참여 계획에 변경이 있을 경우, 09시 이전에 문자로 확인 부탁드립니다.

6. 사례6. 필요경비 수납 등 정기 안내 사항

《안내 사항》

1. 필요경비 수납 확인 부탁드립니다. 과년도 미수납건이 있는 경우, 6월 마지막 주 중에 개별적으로 전달드릴 예정입니다!

   필요경비 수납 시 반드시 원아명(월) 기입해 주시기 바랍니다!

2. 보육료 결제일입니다. 바쁘시더라도 금일 중에 완료해 주시기 바랍니다.

3. 다음 주 화요일 OO대공원 소풍은 OOO 숲놀이터로 변경하였습니다.

   OO대공원에 많은 기관이 이용하고 있어, 불편이 예상되어 변경되었습니다.

   준비물 및 시간 등은 동일합니다.

4. 기타 부모 모니터링, 운영위원회, 부모 모임 등과 관련된 내용은 일정 확인 후, 다음 주 금요일 전달하겠습니다.

5. 가정학습 기간은 8월 1주(8월 1일~5일) 일주일간 운영됩니다. 해당 기간 차량은 운행되지 않습니다.

   자세한 내용은 다음 주 금요일 수요조사서를 통해 확인해 주시기 바랍니다.

6. 오늘 숲놀이는 반별 상황에 따라 잔디놀이터, 1층 놀이터 등에서 진행하였습니다. 오후에는 동물 체험활동이 있었습니다.

   친칠라와 개구리, 팩맨을 만나보는 즐거운 시간이었습니다!

평가제와 알림장

1 평가제 지표에서 체크하는 부분

1. 가정과 소통하는 수단

가정과 소통하는 수단 중 하나로 알림장이 인정됩니다. 알림장을 전송하는 주기와 횟수는 평정의 대상이 아니므로 원에서 정한 기준에 맞게 운영하시면 됩니다. 알림장의 내용 역시 평정의 대상은 아닙니다.

영유아가 기관에서 생활하는 내용에 대한 전달 및 부모와 소통하여 가정 연계가 이루어지는 내용등을 기록해 주시면 됩니다.

이외에도 홈페이지나 SNS의 활용, 지면 자료, 수시면담 및 정기 면담, 집단 모임(소모임, 행사), 부모만족도 조사 등의 내용을 현장평가월 기준 1년 이내의 기록으로 확인하게 됩니다.

2. 지역사회 연계 활동

영아는 2개월에 1회 이상, 유아는 1개월에 1회 이상 실시한 내용을 확인합니다. 이는 별도의 지역사회 연계 활동의 일지 기록이 아닌 알림장의 내용이나 보육일지 상의 추가 기록으로도 인정이 됩니다. 누락된 내용이 없는지 확인하시고, 실시 기록을 증명할 수 있는 자료를 준비해 주시기 바랍니다.

3. 식단 운영과 관련된 내용

영양사가 작성한 식단표를 사용하며 토요일 운영을 하는 기관의 경우, 토요일 식단이 포함되어 있어야 합니다. 실제 제공된 급간식에 대한 기록을 확인하기 때문에 운영일지 혹은 알림장의 식단 제공기록등을 활용해 기록 관리해 주시는 것이 필요합니다. 재원하고 있는 영유아의 월령 및 발달단계를 고려하여 이유식이 필요한 경우 해당 계획도 수립하여 실행하는 것이 중요합니다.

4. 부모 참여와 교육의 운영

부모가 보육실을 참관할 수 있는 절차와 방법을 안내한 내용을 확인합니다. 오리엔테이션 시 안내한 자료를 구비하여 주시고, 공지사항을 통해 안내한 내용도 인정됩니다.

부모가 아동학대 예방 교육을 포함한 두가지 이상의 방법 실시 내용에 대한 기록을 확인합니다.

지면, 온라인, 집단 모임의 방법을 확인하며 실시간 화상교육도 인정이 됩니다. 부모교육을 실시한 서면 자료 혹은 공지사항의 내용으로 증명을 할 수 있도록 준비해 주시기 바랍니다.

5. 영유아의 가족 문제에 대한 기관의 지원

재원하고 있는 가정에 대한 문제를 알고 지원하고 있는지를 확인하며, 가정에서 활용할 수 있는 지역사회의 전문기관 및 전문가 정보에 대한 안내를 확인합니다. 면담을 통해 확인하는 내용이지만 안내한 자료가 있다면 서면 자료 혹은 공지사항의 내용을 준비해 주시는 것이 좋습니다.

6. 건강검진 서류 요청 내용 증명

건강검진 서류는 기관에서 필수적으로 구비해야 하는 서류 중 하나입니다. 3차례 이상 요청하였으나, 가정에서 협조하지 않아 구비하지 못했을 경우 해당 내용을 알림장 및 내용 증명으로 보여주시면 인정이 됩니다. 건강검진 시기가 도래했을 때 가정에 안내해 주시어 검진을 권고해 주시고, 개인적인 사유로 인해 연기하거나 검진을 실시하지 못했다면 해당 내용을 기록 관리해 주시기 바랍니다.

7. 결석 아동에 대한 연락 및 확인

결석을 하는 아동에 대한 상황 파악을 위해 담임교사가 알림장으로 전달한 내용 역시 인정이 됩니다. 유선으로 확인하기 어려운 경우에는 스마트알림장 등을 통해 결석 사유를 확인한 과정으로 대체할 수 있도록 준비해 주시기 바랍니다.

2 평가제 전 알림장으로 전달해야 할 사항

기관에서 평가제를 준비하며 가정에 협조를 요구해야 하는 사항이 있습니다. 사전에 학부모에게 전달하시어 평가제 진행에 어려움이 없도록 대비하는 것이 도움이 됩니다.

평가제에 대해 잘 알지 못하는 학부모가 있을 수 있으므로 대략적인 안내와 함께 부모 협조 사항을 구체적으로 전달해 주시어 평가제 주간 예상치 못한 변수에 당황하지 않도록 준비해 주시기 바랍니다.

1. 평가제 관련 안내

안녕하세요! 0월 0주는 평가제를 진행합니다.

평가제는 어린이집 운영과 관련된 내용을 평가하는 과정으로 저희 원은 해당 주간에 평가제를 진행하게 됩니다. 원활한 평가 진행을 위해 부모님께서 협조해 주셔야 하는 사항에 대해 전달드리니, 참고하시어 적극적으로 협조해 주시기 바랍니다.

1. 안정적으로 일과를 시작할 수 있도록 오전 간식을 먹기 전 9시 30분까지 등원 지도해 주시기 바랍니다.
2. 부득이한 상황으로 결석을 하게 되는 경우, 09시까지 결석 사유를 전달해 주시기 바랍니다.
3. 해당 주간은 평가가 이루어지는 날까지는 특별활동 및 소풍이 연기될 수 있습니다.
4. 평가제가 이루어지는 당일은 알림장 작성이 어렵습니다.
5. 투약과 관련된 사항은 매우 중요하게 관리, 평가되므로 정확한 내용으로 09시까지 작성해 주시기 바랍니다.

2. 평가제 관찰 주간 전 안내

다음 주에는 평가제가 진행되는 주간입니다.

평가제 관찰자가 원에 방문하는 일정은 미리 알 수 없으므로 관찰이 진행되는 날까지는 특별활동 및 소풍 등의 행사가 생략되거나 연기될 수 있습니다. 관련된 문의 사항은 댓글로 남겨주시거나 원장님께 문의해 주시기 바랍니다. 또한 해당 주간은 담임교사와의 유선 통화가 어려울 수 있습니다. 결석을 하게 되는 경우 반드시 오전 10시 이전에 사무실로 결석 사유를 전달해 주시고, 투약의뢰 역시 놀이가 시작되기 전 9시 30분까지 정확하게 전달해 주시기 바랍니다.

3. 평가제 관련 서류 제출 안내

평가제와 관련하여 전달드립니다.

다음의 내용은 전체 원아에 해당하여 필수적으로 구비되어야 하는 사항이므로 누락되었거나 변경된 경우, 담임 교사에게 전달해 주시기 바랍니다.

1. 건강검진, 예방 접종 증명서를 0월 0일까지 보내주세요.
2. 응급처치 동의서에 누락된 내용이 있어 표시하여 보내드립니다. 확인하신 후 다시 기록해 보내주세요.
3. 귀가동의서의 내용 중 인계자 및 연락처가 변경되었는지 확인 후, 해당하는 경우에는 0월 0일까지 내용을 전달해 주시기 바랍니다.

3 평가제와 관련해 주의해 주세요.

1. 알레르기 원아 관련 부분

알레르기와 관련된 부분은 영유아의 건강관리와 직결되는 내용으로 정확하게 대응하고 관리하는 것이 필요합니다. 기관의 알레르기 대응 지침의 내용대로 운영하는 기록이 보여져야 하며, 대체식 혹은 제거식의 제공에 대해서 알림장 또는 보육일지 및 운영일지 등에 기록해 관리해 주시기 바랍니다. 식품 알레르기 질환과 관련된 내용 및 실질적인 대처 방법이 기록되어 있어야 합니다.

2. 투약과 관련된 부분

부모가 투약의뢰를 할 경우, 증상과 투약의 용량, 보관방법, 투약의뢰 시간 등이 정확하게 작성되어 있어야 하고, 투약을 실시한 교사의 확인이 필수로 작성 보관되어야 합니다.

3. 영유아 결석 시 내용 확인

영유아가 결석을 하게 되는 경우, 결석하는 사유에 대해서 교사는 숙지하고 있어야 합니다. 아동학대와 관련하여 당일 결석하는 원아에 대한 파악이 필요하며 어떤 이유로 결석을 하게 되는지 확인을 하는 과정을 알림장 혹은 유선 확인에 대한 내용을 일지 등에 기록해 주시기 바랍니다.

4. 귀가동의 및 응급처치와 관련된 내용

귀가 시 정해진 인계자에게 인계를 하는 것이 원칙입니다. 성인이 인계하는 것을 우선으로 하고 있으며 만 13세 이상의 형제, 자매가 인계를 하는 경우에도 해당 내용이 정확히 기록되어 있는지 확인해 주시기 바랍니다. 학원 차량을 이용해 하원을 한다면 인계하는 학원의 책임자 및 연락처 등이 기재되어 있어야 합니다.

응급 처치의 경우, 기관에서 응급 상황 시 대처하는 내용에 대해 사전에 안내가 되어 있고, 부모가 원하는 의료기관의 기재 사항도 함께 확인합니다. 또한 부모의 연락처가 변경되었을 경우에도 누락없이 기록 관리하는 내용이 보여질 수 있도록 확인해 주시기 바랍니다.

5. 기타 관련

특별활동에 참여하는 연령은 만 18개월 이상에 해당합니다. 어린 연령의 원아가 임의적으로 참여를 하고 있는지 등에 대한 내용을 체크하시어 활동 사진이나 알림장의 내용에 오류가 없는지 확인해 주시기 바랍니다. 관찰자가 확인하는 내용 중 기준과 다르게 운영한 내용이 보여질 경우, 증빙 자료로 활용하게 되어 감점의 대상이 될 수 있습니다.

6. 만족도 조사

만족도 조사는 현재의 평가제에서는 필수적으로 요구사항은 아닙니다만, 부모와의 소통의 방법 중 하나로 인정되게 됩니다. 스마트 알림장의 투표 혹은 서면으로 실시한 내용을 구비하시어, 전체 학부모를 대상으로 실시한 내용의 취합과 취합된 내용을 반영하여 운영을 실시한 내용을 함께 준비해 주시면 되겠습니다.

7. 건강과 관련된 내용의 공지 및 안내

감염병에 대한 내용은 분기별로 가정에 안내되어야 합니다. 서면으로 안내한 자료 혹은 스마트알림장을 통해 공지한 내용 등을 출력하시어 보관해 주시면 보다 용이하게 지표의 내용을 수행하고 있음을 증명할 수 있습니다.

8. 운영 수칙에 대한 공지 및 안내

어린이집 운영에 대한 사전 안내 및 운영 사항에 대해 변경이 있을 경우 학부모에게 공지해야 합니다.

서면 혹은 스마트알림장 공지를 통해 전달한 내용을 함께 관리해 주시기 바랍니다. 계절에 따른 운영 수칙 및 기타 감염병 등 안전에 관련된 공지 사항을 전달하는 내용이 해당됩니다.

자신감 UPGRADE! 조은쌤's TIP

아이에 대한 표현을 순화하여 전달! 문장 전환 예시

? 잘 놀이해요.

! 감정이 전반적으로 편안한 편이며 대부분의 일과에 긍정적으로 반응합니다.

? 활발하게 놀이합니다.

! 신체 활동성이 뛰어나며 움직임이 활발합니다. 몸으로 탐색하고 놀이하는 것을 좋아합니다.

? 고집이 센 편입니다.

! 자신의 감정이나 생각을 언어, 소리, 표정 등으로 정확하게 표현하는 편입니다.

? 하고 싶은 대로 안되면 화를 내요.

! 원하는 것을 할 때에 매우 적극적이고 긍정적인 모습을 보입니다, 그렇지 않은 경우 불편한 감정을 나타내기도 합니다.

? 자주 울어요.

! 원하는 대로 되지 않거나 상황이 불편한 경우 울음으로 자신의 감정을 표현합니다.

? 발달이 느린 편이에요.

! 스스로 적극적인 관심을 가지지는 않으나, 흥미를 보이기 시작하였습니다. 교사나 또래의 놀이를 관찰하며 충분한 탐색과 경험을 통해 배워나가고 있습니다.

? 커서도 다 잘할 것 같아요.

! 다양한 놀이 및 활동을 통해 발전 가능성이 보여집니다. 또래에 비해 탐구력, 문제 해결력, 창의력 등이 뛰어난 편입니다. 지속적으로 지원한다면 충분히 좋은 발달 과정을 기대할 수 있겠습니다.

? 아이가 해볼 수 있게 해주세요.

! 스스로 시도하는 과정에서 실패를 하거나 좌절을 하는 것은 아이에게 큰 배움이 됩니다. 결과에 대한 칭찬보다는 과정에 대한 지원과 구체적인 격려를 해주는 것이 도움이 됩니다.

? 놀이중심 보육(교육)과정입니다.

! 이를 통해 다양한 경험을 도모하고, 학습과 관련된 지원을 하고 있습니다. 교사 주도의 수업의 형태가 아닌 영유아가 자발적으로 선택한 놀이를 지원함으로써 발달에 대해 보다 정확하게 이해할 수 있습니다. 놀이를 통한 관찰을 통해 개별적인 발달 과정에도 효과적으로 지원을 할 수 있습니다.

? 약속을 잘 지키지 않아요.

! 아이가 원하고 표현하고자 하는 것을 빠르게 알아차리고 공감하고 있습니다. 상황에 따라 함께 하는 일과에서 지켜야 할 약속 등은 무리가 되지 않는 선에서 수준에 맞게 지도하고 있습니다.

혼자 하는 걸 좋아해요.

어린이집의 일과에서 아이가 필요한 부분을 살펴보며 지원하고 있습니다. 스스로 해결할 수 있는 시간이나 기회를 충분히 제공하며 소통을 하고 있습니다.

놀이를 시작하는데 오래 걸려요.

상황의 변화에 민감하게 반응하는 편이며 충분한 관찰 후에 본인이 판단하기에 흥미롭거나 안전하다고 여겨지면 탐색을 하기 시작합니다.

잘 적응하고 있어요.

엄마와 헤어지는 것이 어려워 울음을 보이기는 하지만, 교사가 안아주거나 다독여 주면 품에 안겨 안정을 취하고 있습니다. 초반에 비해 울음을 보이는 시간이 많이 짧아졌습니다. 놀이 중 엄마를 확인하는 경우도 있지만 점차 또래에 대한 관심을 보이고 있습니다.

말을 잘해요.

다양한 단어와 문장으로 상황을 표현할 수 있습니다. 단어뿐 아니라 표정이나 제스처 등을 활용하여 자신의 생각 등을 비교적 구체적이고 정확하게 묘사할 수 있습니다.

친구를 좋아해요.

사회성이 뛰어나며 또래에 대한 관심을 적극적으로 표현합니다. 상황에 따라 상대방을 배려하는 행동을 보이기도 합니다.

부정적인 내용을 긍정문으로! 문장 전환 예시

? 자꾸 울면서 보채는 행동을 보여요.

! 불안한 마음을 표현하는 방법을 잘 알려주세요. 울거나 보채는 행동의 이유를 먼저 말씀해 주시면 좋겠습니다. “OO이가 놀잇감이 망가져서 속상했구나!” 아이의 마음을 이해하는 모습을 보면 감정이 진정될 수 있어요. 그 때에 어떻게 표현하면 좋을 지 이야기 해주세요! “OO이가 속상할 때에는 엄마한테 엄마 이거 해주세요" 하고 이야기 해주렴. 엄마가 도와줄게!”

? 질서나 약속을 지키지 않아요.

! 우리 미소반의 약속에 대해 가정에서도 함께 이야기를 나누어 주세요.
교실에서는 걸어다니고, 친구와 사이좋게 지낼 수 있도록 이야기 하고 있답니다. 우리 본준이는 호기심도 많고 활동량도 많은 편이어서 약속을 지키는게 어려울 때도 있어요. 기다려 주며 충분히 대화를 나누고 있으니, 가정에서 함께 격려해 주세요. ^ ^

? 툭하면 친구를 때리고 발로 차는 행동이 있어요.

! 놀이를 하다 보면 속상한 마음을 다소 과격하게 표현하는 경우가 있어요. 하지만 친구가 아플 수 있는 행동은 하면 안 된다는 것은 정확하게 알려주고 있습니다. 가정에서도 비슷한 행동을 보인다면 수찬이의 마음에 대해서는 공감해 주시고, 표현하는 방법에 대해 알려주세요. 다른 사람에게 불편을 끼치지 않아야 한다는 사실도 알려주시기 바랍니다.

? 위험한 행동을 하고 교사가 이야기하면 무시하는 모습이 보입니다.

! 기관에서 함께 지켜야 할 안전 약속을 이해하고는 있지만 가끔 잘 지켜지지 못하는 경우가 있어요. 빨리 해보고 싶은 마음도 충분히 이해하지만 함께 지내는 공간에서는 약속을 잊지 않고 행동할 수 있도록 알려주고 있습니다. 저 역시 민재의 이야기를 경청하는 모습을 보여줌으로써 민재도 선생님이 하는 이야기에 귀기울일 수 있도록 대화를 나누고 있습니다.

? 놀이에 집중하지 못하고 산만합니다.

! 다양한 놀이에 대해 관심을 많이 보이고 있고, 호기심도 많은 편인 우리 수아입니다. 수아는 친구들이 하는 놀이를 같이 하거나 따라하는 것을 좋아합니다. 아이들은 모방을 통해 많은 것을 경험하고 배울 수 있습니다. 놀이 시간이 전에 비해 조금씩 길어지고 집중하는 모습도 보이고 있어 흥미를 보이는 주제의 놀이를 많이 제공해 주고 있습니다. 가정에서도 수아가 관심을 가지는 것에 대해 함께 놀이에 참여해 주셔서 집중력을 길러주세요!

? 등원하는 시간이 너무 늦어요.

! 우리 기정이는 친구들과 함께 자유놀이를 하는 시간을 정말 좋아한답니다! 조금 늦게 등원하는 날이면 충분히 놀이를 하지 못해 아쉬워 하는 모습이 보여집니다. 저녁에 일찍 자고 일어나 아침에 등원하는 시간을 조금 더 앞당겨 주세요. 가장 활발하게 놀이하는 오전 놀이 시간에 기정이가 즐겁게 참여할 수 있었으면 좋겠습니다.

? 간식 시간, 점심 시간에 돌아다니며 식사에 집중하지 못합니다.

! 아이들이 식사 시간에 바른 자세로 앉아 식사할 수 있도록 가정에서 함께 지도해 주세요. 우리 미소반 친구들이 건강한 식습관을 형성하는데에 도움이 될 것입니다. 기관에서도 아이들의 식사 자세 및 식습관 형성에 도움이 될 수 있도록 세심히 살펴보고 지도하겠습니다!

? 교사에게 반말을 하거나 예의 없는 행동을 하기도 해요.

! 기관에서 교사와 대화를 할 때에 예의를 갖추고 바람직하게 행동할 수 있도록 지도하고 있습니다. 어른께는 존대말을 사용하고 예의바르게 행동할 수 있게 알려주세요. 부모님과의 관계에서는 편하게 표현할 수 있지만, 선생님에게는 존대어를 사용하여 예의를 갖추어 행동하고 표현하는 것을 배울 수 있어야 합니다. 교사 역시 아이들을 존중하며 배려하는 모습을 대화와 행동으로 보여주며 지도하겠습니다.

? 친구들과 어울리지 못하고 혼자서만 놀이를 합니다.

! 아직은 혼자서 놀이하는 것에 흥미를 보이고 있어요. 친구가 다가와 함께 놀이하자고 하면 불편한 마음을 표현하기도 한답니다. 본인이 원하는 놀이에 집중할 수 있도록 공간을 마련해 주고, 친구에게도 관심을 가질 수 있게 다양하게 대화를 나누어 보고 있어요. 가정에서도 비슷한 기회가 있다면 지민이가 천천히 적응할 수 있도록 기다려 주시고 격려해 주세요.

? 자신의 물건이나 놀잇감을 정리하지 않아요.

! 정리 정돈을 하는 습관은 어려서부터 배워나가는 것이 중요합니다. 귀찮아서 하고 싶지 않을 수 있지만, 제자리에 정리 정돈하는 것이 왜 중요한지 알려주시며 가정에서도 놀이나 일과 중에 사용이 끝나면 원래 있었던 자리에 정리하는 모습을 보여주시고 스스로 할 수 있는 기회를 자주 제공해 주세요.

? 친구의 놀이를 방해하고 무너뜨리거나 놀잇감을 뺏기도 합니다.

! 친구가 놀이하는 것을 관찰하기를 좋아하고, 함께 하고 싶은 마음도 보여집니다. 아직은 표현하는 방법이 서툴러 친구의 놀잇감을 무너뜨리거나 빼앗는 모습이 보이고 있어서 친구의 마음을 존중하고 같이 놀이하자고 표현하는 방법도 배워가고 있어요. 나의 마음과 같이 친구의 마음도 소중하다는 것을 알기 시작했는지, 친구의 표정을 먼저 살펴보는 모습도 보여주는 우리 마루랍니다!

다른 친구들에 비해 민감하고 요구사항이 많아요.

우리 철수는 관찰력도 뛰어나고 상황을 빨리 파악하는 편이랍니다. 선생님이 빨리 도와주기를 바라는 과정에서 원하는 대로 되지 않으면 속상해 하는 모습이 보이기도 해요. 이럴 때에는 상황에 대해 알기 쉽게 설명하고 기다리는 연습을 함께 하고 있어요. 동시에 여러 친구들을 도와줄 수 없다는 것을 조금씩 이해하는 모습이 보여집니다.

1 연간 행사와 관련된 인사말

1. 사례1. 오리엔테이션 안내

오리엔테이션 안내

○○어린이집의 학부모님, 그리고 0000년도 새학기 입소를 계획하고 계시는 부모님

안녕하십니까? ○○어린이집 원장입니다.

아이들의 웃음소리가 끊이질 않는 곳, 언제나 한결같은 마음으로 아이들과 함께 하는 곳

○○어린이집을 믿고 소중한 아이들을 보내주시는 학부모님들께 깊은 감사의 말씀을 드립니다.

새학기를 시작하기 전, 학부모님들을 모시고 0000년도

원 운영 방침 및 교육프로그램, 행사 운영에 대한 전반적인 안내를 드리고,

새학기 우리 아이들과 함께 할 담임 선생님들과의 만남의 시간을 갖고자 합니다.

가정과 어린이집이 깊은 소통과 이해를 할 수 있는 자리가 되어

우리 아이들에게 최선의 환경과 교육을 제공하고 싶습니다.

자녀의 원 생활을 이해하시는 데 도움이 되시길 바라며,

귀한 시간 내어 주시어, 꼭 참석해주시길 바랍니다.

《오리엔테이션 일정》

날 짜 : ○○○○년 ○○월 ○○일 ○요일 ○시 - ○시

장 소 : ○○어린이집 2층 강당

※ 주차 공간이 협소하오니 가급적 도보, 대중교통을 이용해 주시기 바랍니다.

※ 부모님께서 바쁘신 경우 조부모님의 참석도 가능합니다.

※ 어린 동생이 부모님과 방문하는 경우, 원에서 미리 준비할 수 있도록 사전에 전달해 주시기 바랍니다.

※ 부득이 참석이 어려우신 경우 0월 0일 보내드리는 오리엔테이션 자료를 참고해 주시기 바랍니다.

2. 사례2. 부모 참여 행사 감사 인사

부모 참여 행사 감사 인사

안녕하세요! OO반 교사 OOO입니다.

지난 O월 O일 어린이집의 참여 수업이 있었습니다. 바쁘신 가운데 귀한 시간 내어주셔서 감사합니다.

우리 OO반 친구들도 엄마, 아빠, 조부모님이 오신다는 소식에 얼마나 설레이며 기다려했는지 모른답니다.^^

띵동! 소리가 들릴 때마다 누가 왔는지 고개를 빼꼼~하고 내미는 우리 귀염둥이들!^^

저 역시 기다리며 우리 OO반 친구들이 그동안 성장한 모습, 선생님과 친구들과 잘 지내는 멋진 모습을 보여드리고 싶었어요.^^

부모님이 보이니, 약간은 긴장했는지 낯설어 하는 모습도 보였지만, 그래도 멋지게 함께 놀이하고 활동해 준 우리 OO반 친구들이 참 고마웠어요.^^

아직은 많이 어려, 부모님이 계시면 평소에 하던 것보다는 주춤하거나 쑥스러워 하기도 하지만, 이 모습 또한 너무 예쁜 추억이 될거라 생각합니다!(다른 친구들과 다른 행동을 보이거나, 잘 따르지 않는 것 같아 걱정하시거나 염려하지 않으셔도 된답니다.^^ 평소에는 최고최고! 정말 멋지게 하는 우리 OO반 친구들인걸요! 오늘은 사랑하는 엄마, 아빠, 할머니, 할아버지가 계셔서 그런거니 귀엽게 생각해주세요.ㅎㅎ)

어린이집에서 즐겁게 지내는 모습은 앞으로도 키즈노트 앨범이나 부모님과의 주기적인 소통으로 전달드릴게요!

부모님께서도 지금처럼 어린이집과 담임교사인 저에게 우리 OO반 친구들이 잘 지낼 수 있도록 많은 이야기 나누어 주시길 바랍니다.^^

오늘 우리 OO반 친구들이 엄마, 아빠, 조부모님과 함께 행복한 시간을 보낸 것 같아 뿌듯하고 행복한 마음이 가득합니다!

찾아주신 학부모님들께도 좋은 추억이 되었으면 합니다. 저희는 또 일상으로 돌아가, 건강하고 안전한 어린이집 안에서 즐겁고 행복한 시간을 보내겠습니다.

언제나처럼 응원해 주시고 함께 해 주시는 부모님, 오늘도 참 감사합니다!

3. 사례3. 소풍 및 견학 안내

소풍 안내

안녕하세요! 00반 교사 000입니다.

이번 주 0월 0일은 사과따기 체험이 예정되어 있어요.

가을 열매에 대해 놀이를 통해 경험하고 있는데, 직접 체험한다면 더 많은 배움이 있을 듯 해서 저도 기대가 됩니다.^^

우리 00반 친구들도 "선생님 사과 언제 따러가요?", "사과 따서 먹어도 돼요?"

"선생님 나는 귤을 먹고 싶은데요" 하며 관심을 보이며 물어보곤 해요.^^ 귀여운 우리 00반 친구들이지요.^^

사과따기 체험과 관련해 안내사항 전달드립니다. 준비물 등 유의사항 잘 읽어주시고 준비해주세요.^^

1. 일정 : 10월 00일 10시 출발~13시 귀원

(낮잠을 자는 영아들은 돌아오는 버스안에서 충분히 쉴수 있도록 하고, 돌아와서 낮잠을 마저 잘 수 있도록 지도할 예정입니다.)

2. 장소 : 00 사과 체험장(000시 00구 000농원)

해당 농원은 아이들이 체험하기 적합한 안전하고 쾌적한 장소입니다.

아이들과 사과 따기 체험 후, 사과 피자와 쿠키 등을 만들어 보는 시간도 계획되어 있어요!

3. 경비 안내 : 필요경비 내에서 지출

매월 초 수납하시는 필요경비로 지출하며, 별도의 비용은 청구되지 않습니다.

혹, 아직 경비를 수납하지 않은 가정이 있으시다면 00일까지 납부 부탁드립니다.

4. 식사 및 간식

- 점심 : 원에서 준비
- 간식 : 원, 농장에서 제공(00빵과 사과 주스)

5. 준비물

- 신발 : 흙이 묻을 수 있어요, 묻어도 쉽게 닦일 수 있는 편안한 신발을 착용할 수 있도록 준비해주세요. 이동하는 공간에서 자유롭게 놀이할 수 있도록, 벗고 신기에 수월한 신발을 부탁드립니다. 크록스나 끈이 있는 운동화는 안전상 위험할 수 있으니 자제해 주시기 바랍니다.
- 물통 : 원에서도 아이들이 마실 물을 제공하지만, 쉽게 마실 수 있도록 목걸이형 물통 등을 준비해 주시고, 반 정도 채워 보내주세요.^^
- 식판 : 원에서 일회용기에 식사를 담아 제공합니다. 식판은 준비하지 않으셔도 됩니다(숟가락과 포크는 이름을 꼭 기입하신 후, 보내주세요!).

우리 00반 친구들과 즐겁고 재미있는 체험하고 돌아오겠습니다.

별도의 문의사항이 있으신 경우, 키즈노트 댓글 달아주시면 확인 하고 전달드리도록 하겠습니다. 감사합니다.

4. 사례4. 운동회 안내

운동회 안내

안녕하세요! 00반 학부모님 여러분

지난 주 공지해 드린 바와 같이 00어린이집에서는 우리 아이들과 풍성한 계절 가을을 맞이하여 가을운동회를 하게 되었습니다.^^

우리 00어린이집의 친구들과 가족들이 모두 모여 마음껏 뛰고 즐길 수 있는 시간이 될 것 같습니다.

따뜻한 햇살에 시원한 바람이 부는 가을, 우리 가족여러분과 함께 즐거운 추억을 만들 수 있기를 바래봅니다.

바쁘시더라도 귀한 시간 내 주시어, 우리 00어린이집 친구들과 행복한 하루 함께 해 주세요!

《안 내 사 항》

- 일시 : 0000년 00월 00일(0요일) 오전 10 : 00 ~ 13 : 00
- 장소 : 000 어린이집 옆 잔디 공원
- 준비물 : 간식, 물, 음료, 돗자리 등
- 복장 : 안내해 드린 팀별 복장을 맞추어 착용해 주시기 바랍니다.
- 빨강팀 : 빨강티셔츠 + 청바지 + 운동화
- 파랑팀 : 파랑티셔츠 + 청바지 + 운동화

※ 해당 장소는 원에서 대관을 하는 개념으로, 쓰레기 처리 및 기타 공공장소에서 지켜야 할 기본 수칙을 준수해 주시어, 00어린이집의 이용에 문제가 생기지 않도록 협조해 주시기 바랍니다.

※ 해당 일 부득이한 사정으로 불참하게 되는 경우에는 원활한 운영을 위해 당일 오전 09시까지 반드시 연락 주시기 바랍니다.

※ 최소 30가정 이상 참여가 확보되어야 진행될 수 있습니다. 많은 참여 부탁드립니다.

※ 할머니, 할아버지를 위한 놀이와 게임도 준비되어 있으니, 조부모님도 초대해 주세요.^^

바쁘고 힘든 일상에서 벗어나 가족과 함께 신나게 뛰어 놀며 즐길 수 있는 시간이 될 수 있도록 준비하고 있으니, 많은 기대와 참여 부탁드립니다.^^

5. 사례5. 가정학습 기간 안내

가정학습 기간 안내

안녕하세요! 00반 교사 000입니다.

신나는 여름 놀이를 계획하며 설레였던 시간이 빠르게 지나고 7월 막바지에 이르며 여름이 더욱 무르익는 것 같습니다.

어른들에게는 몸도 마음도 지치기 쉬운 무더운 여름이지만, 순수하고 맑은 우리 아이들에게는 제일 기대되고 즐거운 계절인 것 같습니다!

소소한 여름 놀이로 웃음소리가 끊이지 않는 00반 친구들과 함께 가정에서도 많이 덥지만 즐겁고 건강하게 여름을 보내고 계신가요?

오늘은 한학기를 마무리 하는 날입니다. 안내드렸던 바와 같이 다음 주부터 일주일간 가정학습 기간이 시작됩니다.

아이들에게 새롭고 즐거운 일들이 가득한 여름 휴가 계획을 선물해 주시는 건 어떨까요?

휴가기간을 통해 아이들이 가족과 함께 아름다운 자연을 경험하고 즐길 수 있는 시간, 소중함에 감사할 수 있는 시간이 될 수 있을 거라 생각합니다.

아이들이 가장 좋아하는 물놀이도 하고 갯벌, 바다에도 다녀오며 즐거운 시간들을 보내길 기대합니다.

다시 만나는 날, 즐겁게 여름 휴가 이야기를 하며 신나할 아이들의 모습이 벌써부터 눈에 선하게 그려집니다.^^

봄과 여름을 함께 보내는 동안 참 많은 일들이 있었습니다.

힘들고 어려운 시간도 있었지만, 제게 사랑과 감사함을 선물해 준 우리 00반 친구들, 항상 밝고 건강하게 생활해준 우리 00반 친구들에게 고마운 마음 전하며 오늘 하루를 마무리 하려고 합니다!

언제나 변함없는 애정과 관심으로 적극 협조해주신 부모님께도 감사의 인사를 전합니다!

저 역시 가정학습기간 동안 재충전하여 더욱 밝고 따뜻한 선생님의 모습으로 만나겠습니다! ^^

우리 00반 친구들과 건강한 모습으로 즐거운 이야기 가득 안고 만나기를 바랍니다.

뜨거운 여름 날씨에 무리한 일과로 건강 해치지 않도록 조심하시고, 물놀이 안전사고에 특히 유의해주시길 당부드립니다.

또한 장염, 수족구, 코로나 재감염 등이 확산되고 있으니, 우리 00반 친구들의 위생 및 건강관리에도 신경써 주세요!

가정학습기간에도 너무 늦게 자거나 오랜시간 TV를 보는 등의 행동을 잘 지도해 주셔서, 아이들이 규칙적이고 바른 생활 습관을 잊지 않도록 해주시길 바랍니다.

건강하고 행복한 여름휴가 되시길 바랍니다. 언제나 감사합니다.^^

《여름가정 학습 기간 안내》

1. 여름방학 기간 : 00월 00일~00월 00일
2. 유의사항 : 기간 중 코로나 등에 감염된 경우, 키즈노트로 상황 보고 부탁드립니다.
   당직교사가 배치되어 있으나, 보육 계획의 변경 시 사전에 가능 여부를 확인해주셔야 합니다(해당 기간동안 차량은 운행되지 않습니다.).
3. 재등원일 : 00월 00일(차량 시간 이전과 동일)
4. 준비물 : 여름방학책, 여름 휴가 가족 사진 2장(8월 활동 자료용), 여벌옷 등 개인 물품

6. 사례6. 졸업 여행 안내

졸업 여행 안내

안녕하세요! 00 어린이집 원장입니다.

0000년도도 이제 얼마 남지 않았습니다.

하루하루의 시간이 참 소중하고 감사한 요즘입니다.

00어린이집에서는 헤어지는 아쉬움을 달래기 위해 올해 졸업하는 만 5세 00반 친구들의 졸업 여행을 계획하고 있습니다. 코로나 등 감염병의 우려로 당일 여행을 진행합니다. 참여를 원하시는 가정에서는 00월 00일까지 신청서를 보내주시기 바랍니다.

아이들과 어린이집에서의 즐거웠던 시간을 기억하며, 선생님과 친구들과 함께 행복한 추억을 만드는 소중한시간이 될 거라 생각합니다. 기타 문의 사항은 담임교사를 통해 문의 주시면 답변 드리겠습니다. 감사합니다.

《일정 및 안내 사항》

- 일 시 : 0000년 00월 00일 0요일
- 출발시간 : 10시 / 귀원시간 : 8시 예정
- 장 소 : 한국민속촌
- 준비물 : 원복 착용, 편안한 신발, 음료수 한 개, 간단한 간식 한 가지(1인분)
- 졸업 여행비 및 내역 : 차량비, 점심 식사, 기타 활동 비용

※ 변경시 키즈노트 공지사항으로 전달합니다.

※ 점심은 원에서 제공합니다 : 김밥, 과일

※ 필요경비에서 지출하므로 개인 부담 금액은 없습니다.

7. 사례7. 가정 학습 기간 후 등원 전 안내

가정학습 기간 후 등원 전 안내

안녕하세요! 00반 교사 000입니다.

우리 00반 친구들과 즐거운 가정학습기간 보내고 계신가요?^^

비가 많이 와서 충분히 놀지 못했을까 아쉬운 마음이 들기도 합니다. 그래도 언제나 밝고 씩씩한 우리 00반 친구들, 가족과 함께라면 더없이 행복하고 즐거웠을 거예요!

우리 친구들에게 즐거운 이야기가 가득하길 기대합니다!^^

00반 친구들과 8월에는 00를 주제로 놀이해보려고 해요.

평소 우리 친구들이 흥미와 관심을 많이 보이던 주제라 더욱 즐거울 것 같습니다.

재활용품을 활용해 다양한 만들기 활동도 해보고, 즐거운 놀이도 계획하고 있어요.

우리 아이들이 놀이를 통해 많은 것을 경험하고 배울 수 있도록 즐거운 일과 계획하고 있답니다!

가정학습기간 동안 조금 느슨해졌을 수도 있는 생활 습관에 대해서도 일과를 보내며 다시금 배워보려고 합니다. 일찍 자고 일찍 일어나는 00반 친구들이 될 수 있도록 가정에서도 함께 협조해 주세요.^^

2학기 부터는 우리 00반 친구들과 수놀이, 한글카드 놀이 등을 함께 해보려고 해요. 아이들이 생활하는 주변에서 보이는 다양한 물건의 이름이나 글자 모양을 함께 살펴봐 주시고, 수세기 등 자연스럽게 생활안에서 이야기 나누어 주시면 더 많은 도움이 될 것 같습니다!

※ 재등원 시 유의해 주셔야 할 사항 안내드립니다.

1. 수족구, 장염, 코로나 등의 전염이 확산되고 있어 가급적 영유아의 등원 전 건강 상태를 꼼꼼히 살펴주시고 첫 등원일 오전에는 발열 체크 및 코로나 자가 진단을 부탁드립니다.^^
2. 어린이집에서의 일과를 위해 여벌옷 등을 빠뜨리지 말고 챙겨 보내주세요! 활동하기 편안한 복장과 신발을 착용해 주시면 좋겠습니다!
3. 재등원을 하며 등원할 때에 부모님과 떨어지는 것이 어려울 수 있어요. 아침에 기분좋게 등원할 수 있도록 아이들과 어린이집에서의 일과를 기대할 수 있도록 이야기 나누어 주세요!
4. 가정에서 보낸 여름 휴가 사진을 보내주세요.^^ 아이들과 즐거운 이야기 나누어 보겠습니다.

8. 사례8. 부모참여 수업 후 참여 감사 예시

안녕하세요! 00반 교사 000입니다.

오늘 1학기 부모참여 수업이 있었습니다. 부모님들 만나게 되어 저 역시 기대되었던 하루이기도 합니다.^^

"엄마, 아빠와 함께 여름 놀이하기" 라는 주제로 진행되었습니다.

우리 부모님들, 아이들의 기관에서의 모습을 함께 하시며 마음이 어떠셨나요?

학기 초 낯설어 하며 어린이집에 들어서던 00반 친구들이 이제는 이렇게 멋지게 생활하고 있는 모습에 깜짝 놀라셨지요?^^

아직은 많이 어리지만 그 동안 많이 배우고 자란 우리 00반 친구들♡

선생님 말에 집중하며 손유희도 하고, 사이좋게 함께 놀이하는 모습이 정말 기특하고 멋졌습니다!

가정에서도 많이 칭찬해 주시고 격려해주세요.^^ 부모님의 칭찬 한마디는 아이들에게 큰힘이 된답니다.

엄마, 아빠가 오신다는 소식에 설레는 마음으로 기다리는 우리 00반 친구들이었어요.

긴장을 하기도 하고 더 장난스러운 모습을 보이기도 했지만, 오늘 모습처럼 항상 즐겁고 안전하게 생활하고 있답니다.

귀한 시간 내어 주셔서 우리 아이들에게 소중한 추억이 또 하나 만들어 진 것 같아요.

아쉬운 점도 있었지만, 부모님들께서 적극적으로 협조해 주셔서 잘 마무리 할 수 있었습니다.

우리 00반 운영에 응원의 말씀 해주시고, 항상 변함없는 사랑과 관심 보내주셔서 감사합니다.

※ 2학기에도 부모 참여 수업이 계획되어 있어요, 참여 활동에 관해 문의 사항이나 궁금하신 점이 있으시다면 언제 든지 좋은 의견 남겨주세요.^^

※ 오늘 참여수업을 보시고 혹여 아이들의 모습에서 염려스러운 부분이 있으셨다면 댓글로 통화가 가능한 시간 적어주시면 확인후 연락 드리도록 하겠습니다.

언제나 씩씩하고 밝은 우리 00반 친구들과 부모님들께 더없이 행복한 시간이 되었기를 바랍니다.

감사합니다.^^

9. 사례9. 마스크 착용 해제 안내 예시

안녕하세요! ^^ 00반 교사 00입니다.

추운 겨울이 지나고 성큼 찾아온 봄날씨에 우리 친구들 옷차림도 많이 가벼워졌네요.^^

아침 저녁으로는 쌀쌀하기도 하니 얇은 옷을 여러겹 입혀 보내주시는 것도 좋을 것 같습니다.

오늘은 우리 00반 학부모님께 전달해드릴 사항이 있어요!

코로나로 인해 그동안 착용하고 지냈던 마스크에 대한 내용입니다.^^

마스크 착용 의무가 해제되었지만 확진자 발생 추이를 살펴보고 결정하기 위해 3월은 기존과 같이 착용하며 일과를 보내고 있었습니다.

날씨가 따뜻해 지며 우리 00반 친구들도 마스크를 착용하고 생활하는 것에 불편함을 표현하기 시작하기도 하고 아이들의 의사를 따라주었으면 하는 학부모님들의 의견이 있었습니다.

이에, 마스크 착용 건에 대해 기관의 상황을 안내하고 영유아 및 학부모님의 의견을 반영하여 의무 착용에서 자율 착용으로 전환하고자 합니다. 가정에서는 아이들의 건강 및 기관 생활을 고려하여 어떻게 하면 좋을지 상의하신 후, 댓글로 남겨주시면 반영하겠습니다.

차량 이용 시, 대다수의 원아가 밀집된 공간에서 노래를 부르거나 함께 활동을 할 경우에는 모두 마스크를 착용합니다.

답변의 예시는 아래와 같습니다. 선택하여 남겨주시면 됩니다. 감사합니다!

1. 기관에서 마스크 착용을 계속 했으면 좋겠습니다.
2. 마스크 착용을 하지 않았으면 좋겠습니다.
3. 아이의 의사를 물어보고 선생님이 판단해 주세요.

10. 사례10. 장난감 도서관 견학 예시

안녕하세요! OO반 교사 입니다.

오늘은 목요일, 우리 친구들이 장난감 도서관으로 견학을 다녀왔어요^^

하늘이 맑게 개어 더 예뻤던 오늘, 등원하며 보았던 여러 가지 구름 모양을 이야기하며 이야기꽃이 펴지고, 우리 친구들도 기분 좋게 등원해 인사를 나누어 볼 수 있었습니다!

오늘은 우리 지역 사회 연계 활동으로 장난감 도서관에 견학을 다녀왔어요. 견학을 가기 전 도서관에 대해 이야기를 나누어 보았어요. 도서관에서 지켜야 할 약속도 알아보았답니다. 하지만 우리가 가는 곳은 그냥 도서관이 아닌 장난감 도서관이라, 자유롭게 놀 수 있다고도 설명해 주었어요.

선생님의 이야기에 고개를 끄덕끄덕, 친구들과 속닥속닥 이야기를 하네요^^

"OO반 친구들! 도서관이라 하면 책을 읽는 곳이라 생각했는데, 장난감 도서관이라는 곳은 어떤 곳일까?" 하고 질문을 던졌더니 장난감 나라 라고 이야기 하며 좋아하는 우리 OO반 사랑둥이들입니다.

연간 회비 1만원으로 장난감과 도서를 대여할 수 있다고 하니, 가족분들도 방문해 이용해 보시면 좋겠다는 생각이 들었답니다^^

어린이집에 있는 장난감, 놀잇감도 있었지만, 장난감 도서관에는 다양한 종류의 책과 사운드 북, 언어 놀이 교구, 기타 놀잇감이 가득했어요. 편안하게 꾸며진 놀이 방 안에서 친구들과 삼삼오오 모여 놀이해 볼 수 있었습니다.

장난감 안에서 보물찾기하듯, 좋아하는 장난감을 찾아오는 실력에 선생님들 모두 감탄을 하기도 했어요^^
놀이하고 정리하는 모습도 어찌나 대견했는지요^^

장난감 도서관 사서 선생님께서 우리 OO반 친구들이 정말 멋지다고 달콤한 사탕도 하나씩 주셨답니다.

평소 어린이집에서도 즐겁게 놀이하지만, 우리 동네의 새로운 곳을 방문해 경험할 수 있어서 참 좋았습니다.

돌아오는 길목의 가게들도 잘 알고 이야기 하며 우리 동네를 살펴볼 수 있었어요^^

이번 주, 아이들과 시간 내어 우리 동네 길을 산책해 보시는 것도 좋을 것 같아요. 밤 산책하기 좋은 요즘, 아이들과 행복한 시간 되시길 바랍니다.

11. 사례11. 동물 체험 키즈노트 예시

안녕하세요! 00반 교사 000 입니다.

오늘은 우리 친구들과 가을비에 대해 이야기를 했어요. 가을이 찾아왔다고 똑똑 인사를 해주는 것 같다고 표현했더니, "가을이랑 인사했어요!" 하고 대답을 하는데 얼마나 예쁜지 모르겠습니다^^

비가 오는 날 안전에 더 유의해야 한다고 전해주며 일과를 시작해 보았어요. 자신의 가방과 물건을 잘 정리하고 놀이하기 시작합니다. 여러 가지 놀잇감을 가지고 다투지도 않고 즐겁게 놀이를 하는 우리 친구들, 정리도 열심히 함께 해보았답니다.

우리 친구들이 정~ 말 좋아하는 동물 친구들이 찾아오는 날이거든요! 오늘은 우리 친구들에게 회색 앵무새와 썬코뉴어, 청지렁이가 찾아왔어요!

평소에 보기 힘든 동물 친구들을 가까이서 보는 게 처음에는 낯설고 무섭기도 했었는데, 이제는 의젓하게 잘 참여 하는 모습이 참 대견합니다!

회색 앵무새와 썬코뉴어를 먼저 만나보았어요! 선생님이 우리 친구들에게 회색 앵무새와 썬코뉴어에 대한 이야기를 들려주었어요. 사진과 함께 친절하게 설명해 주신 선생님의 말씀에 집중하는 우리 00반 사랑둥이들 눈이 반짝반짝 빛이 납니다^^

사실 새는 저도 무서워서, 조심스러웠는데 다행히 동물 선생님이 차분하게 잘 알려주셨어요. 새하고 인사를 나누어 보기도 하고, 새의 등도 살짝 만져보았어요^^ 물론, 무서워하는 친구들은 곁에서 지켜보도록 도와주었어요. 청지렁이의 등장에 모두 깜짝 놀랄 줄 알았는데, 웬걸요! 우리 친구들 앵무새를 보았을 때 보다 더 격렬히 좋아하는 모습이었어요. ㅎㅎ 비 오는 날, 비온 다음 날 산책을 하며 지렁이를 애타게 찾곤 했는데, 오늘 원 없이 지렁이들을 볼 수 있어서 좋았던 모양입니다. 우리 친구들 오늘 시간을 통해 자연의 소중함을 배우고, 동물을 아끼고 사랑하는 마음을 가져볼 수 있었습니다.

수업이 끝난 후에도 새가 어떻게 소리를 내었는지, 어떤 색깔이었는지 정확히 기억하고 표현하네요^^ 교실에 있던 놀잇감으로 지렁이를 만들어 놀이하기도 하구요. 내일 산책을 갈 때 지렁이가 혹시 나왔나 살펴보아야겠어요!

이번 주, 앵무새와 지렁이와 관련된 놀이와 그림책도 지원해 주어서 우리 친구들의 궁금증과 호기심을 충족해 주도록 하겠습니다.

가정에서도 오늘의 즐거웠던 경험 이야기 나누어 주세요.

12. 사례12. 참여 수업 키즈노트 예시

안녕하세요! 오늘은 우리 00반 친구들의 부모님을 만나는 참여 수업 날이었습니다.

우리 친구들 등원하면서부터 "오늘 엄마 와요?" "아빠도 온대요!" 하면서 신나게 소식을 전합니다.

그동안 참여 수업 이야기를 하며, 멋진 모습을 보여주자고 했었는데, 우리 00반 친구들 선생님과의 약속을 잘 기억하고 수업에 집중해 주었어요!

부끄러운 마음에 평소보다는 소극적인 모습을 보였기도 했지만, 그래도 끝까지 집중해서 참여하는 모습이 정말 기특했답니다. 그리고 엄마, 아빠와 함께하는 시간 자체에 큰 의미가 있다고 생각합니다^^ (칭찬 많이 해 주세요! ^^)

부모님과 함께하는 목공 놀이 시간, 어떠셨나요? 매월 진행하는 목공 놀이 시간이지만, 부모님과 함께하면서 더 즐겁고 재미있었던 것 같아요. 엄마, 아빠에게 내 생각도 표현하고, 그림과 색으로 내 마음도 그려내는 모습이 예뻤습니다! 어린이집에서 하다 보면 선생님이 친구들을 도와주는 동안 속상해하기도 하고, 가끔은 금방 싫증을 내기도 했는데, 오늘은 부모님이 계셔서 끝까지 멋지게 집중해 작품을 만들어 볼 수 있었던 것 같습니다^^

목공 놀이 수업을 하며 우리 친구들은 어떤 활동을 한 것일까요?

단순히 선생님의 설명대로 따라 만들었던 시간이었을까요?

눈으로 놀이 교구를 관찰하고, 귀로 선생님과 부모님의 이야기를 들어 보고, 머리로 어떻게 할지 골똘히 생각하고 입으로 이야기하며 내 생각과 마음을 표현하고, 손으로 탐색하고 나타내보는 아주 뜻깊은 시간이었어요.

놀이 과정 안에서 많은 것을 경험하고 느끼는 우리 00반 친구들, 사랑하는 가족과 함께함으로써 안정감 있게 오늘도 한 계단 더 성장하였네요! ^^ 귀한 시간 내주셔서 감사드려요!

언제나 어린이집의 행사에 협조해 주시고 적극적으로 참여해 주셔서 감사합니다!

13. 사례13. 지문 사전 등록 안내 예시

안녕하세요! 00반 교사 000입니다.

이번 주는 우리 친구들과 지문 사전 등록을 하는 날입니다.

멋진 경찰관분들이 오셔서 우리 친구들과 인사를 나누어 보고, 미아 방지 예방을 위한 안전교육을 해주신 후에, 지문 등록을 할 예정이에요.

매년 급증하는 영유아 실종 사고, 어린이, 학생을 교육하는 기관에서는 주기적으로 아이들의 안전을 위해 교육을 실시하고 있어요. 그중 미아방지, 실종 예방 교육도 주요한 교육 주제 중 하나입니다. 하지만, 아이들을 대상으로 교육을 충실히 실행한다고 해도 실제 상황이 발생했을 경우에는, 상황을 정확하게 알아차리고 대응하는 것이 절대 쉽지 않습니다.

상황이 전개되었을 때 힘이 없고 연약한 우리 아이들은 위험에서 빠져나오기 어렵습니다.

사전 지문 등록을 함으로써 우리 아이들에게 발생할 수 있는 사건, 사고로부터 빠르게 대처할 수 있는 것이 필요합니다.

그런 의미에서 개별적으로 등록하는 절차에 번거로움이 있다고 판단되어 기관의 차원에서 진행하는 부분이니 적극적으로 협조해 주시기를 바랍니다.

지문 등록의 대상은 18세 미만의 아동으로, 우리 어린이집에 재원 중인 모든 영유아가 등록을 하게 됩니다(이미 사전 등록을 한 경우에는 정보 변경 사항 등의 내용이 있는지를 확인합니다).

보내드리는 지면 자료에 내용을 기입해 주시거나, 안전 드림 어플리케이션을 통해 등록을 해주시면 됩니다.

(상담 전화 : 국번 없이 182)

아이들은 경찰관분들께 직접 듣는 안전교육이 정말 유익할 것 같습니다. 질서 있게 지문 등록도 잘 마무리하겠습니다. 감사합니다.

※ 해당일 부득이하게 결석하게 되는 경우에는 별도로 등록하시거나 하반기 계획이 있으면 참여하실 수 있습니다.

※ 기타 문의 사항은 어린이집으로 연락하시기를 바랍니다.

※ 지문 등록 이전에 항상 아이들이 길을 잃거나 낯선 사람을 따라가지 않도록 생활 안에서 안전 교육을 실천해 주세요! 감사합니다!

14. 사례14. 부모 모니터링 예시

안녕하세요. OO반 교사 OOO입니다.

오늘은 우리 어린이집에서 부모 모니터링을 진행했습니다!^^ 어린이집 학부모님 중 대표로 오셔서 우리 기관의 운영 전반에 대해 함께 관찰하고, 점검해 보는 시간이랍니다.

내용 보고에 앞서 귀한 시간 내어 방문해 주신 부모님들께 감사의 말씀 전합니다. 또한 직접 참여하시지는 못하였지만, 항상 어린이집 운영에 적극적으로 관심 가져 주시고 협조해 주시는 부모님께도 감사한 마음을 전합니다.

부모 모니터링은 지자체에서 전문가와 모니터링단이 방문하는 것과 기관을 이용하는 학부모로 구성된 모니터링단이 방문하여 점검하는 것, 두 가지로 이루어집니다. 이는 어린이집 보육의 질 향상을 도모하기 위한 과정이에요.

이번에는 우리 원의 OOO반, OOO반 부모님 총 OO분이 방문하셔서 어린이집을 둘러보았습니다.

기관에서 아이들이 실제 어떻게 생활하는지 주의 깊게 관찰하고 환경과 건강, 안전 관리 및 식단 제공, 위생 등 전반적인 내용을 지표로 구성하여 체계적으로 점검하고 보완해 나가는 과정이랍니다.

기관의 부모님이시다 보니, 우리 어린이집의 친구들에게 더 친근감 있게 대해주시고 중간중간 도움도 주시며 편안하게 운영할 수 있었습니다^^

식사하는 시간에는 교실에 들어오셔서 선생님 역할을 대신하여 손 씻기 지도 및 배식, 식사법 지도도 함께 해 주셨어요.

전반적으로 우수하게 잘 운영되고 있다는 평가와 함께 부분적으로 아쉬움, 요청 사항도 전달해 주셨습니다. 해당 내용은 정리하여 가정통신문(안내문)으로 발송해 드릴 예정이니, 가정에서도 관심 가져주시어, 우리 원에 대한 소중한 의견 나누어 주세요.

모니터링을 마무리하며 아이들의 놀이와 일과를 위해 노력하시는 항상 애쓰신다는 마음도 함께 표현해 주셨어요. 교직원의 노고를 알아주시고 말씀으로 한 번 더 격려해 주셔서 저희 교직원 모두 그동안 모니터링을 준비하던 과정이 참 보람되고 뜻깊었던 것 같습니다.

오늘 우리 친구들의 안전하고 위생적인 환경과 양질의 보육서비스 제공을 위해 함께 의미 있는 과정에 함께해 주신 OOO 어린이집 부모 모니터링단 부모님들, 그리고 학부모님께 감사합니다.

즐거운 저녁 되세요^^

15. 사례15. 체험 활동(행사) 예시

안녕하세요! OO반 교사 OO입니다.

태풍이 지나간 후, 더위가 가실 줄 알았는데, 여전히 뜨거운 햇볕이 내리쬐는 날입니다. 주말을 지나고 만난 우리 친구들과 오늘은 즐거운 체험 활동을 해보았어요!

실제로 갯벌에 가서 체험하면 더 좋겠지만, 우리 친구들의 연령이나 기타 다양한 상황을 고려하여 조금 더 편안하게 원내에서 경험해 볼 수 있도록 기회를 마련해 보았답니다^^ 이번 기회에 갯벌에 대해 우리 친구들이 잘 이해하고 경험해 본 후, 가족과 함께 갯벌 체험을 다녀오면 더 많은 도움이 될 것 같습니다!

이번 갯벌 체험 공간은 정말 실감 나게 꾸며져 있어서 우리 친구들이 매우 흥미로워했어요. 실물과 비슷한 바닥 면의 갯벌과 바닷속 풍경, 배와 바닷가의 모습이 잘 나타나 있어서, 놀이에 몰입하는 데에 큰 도움이 되었답니다^^ 활동 전에 미리 갯벌에서 하는 다양한 사람들의 모습을 동화책으로 함께 보고 이야기를 나누어 보았어요.

체험 공간에 들어선 우리 친구들, 선생님과 나눈 약속을 기억하고, 하나씩 탐색해 본 후 마음에 드는 놀이를 시작합니다! 어망을 던져 생선과 오징어를 잡는 어부가 되어 보기도 하고, 생선과 해물을 손질해 어촌에 놀러 온 손님 대접을 하는 상인이 되기도 했어요! 해녀복을 입고 바다 깊은 곳 해물을 찾아서 잡는 역할도 해보았지요! (해녀복을 입은 우리 친구들 모습이 정~ 말 귀여웠답니다^^)

오징어잡이 배에서 오징어를 잡아 줄에 넣어 말리는데 잘되지 않아 선생님에게 부탁하지 않을까 하고 기다리는데도 우와! 멋지게 두 손으로 열심히 이리저리 돌려가며 널어보는 OO반 친구들이랍니다^^ 어망에 걸린 해물과 생선도 하나씩 잘 빼내어 손질하고요, 손질하면서 도마와 칼도 조심조심해서 사용하는 모습이 어찌나 예쁘던지요^^ 우리 친구들 색다른 체험에 평소보다 더 집중하는 모습을 볼 수 있었어요.

새로운 경험들이 쌓이고 기존의 내가 알던 정보와 연계가 되며, 우리 친구들의 이해도도 높아지고, 또 배움이 깊어 지는 것 같아요! 오늘도 뜻깊은 시간에 즐거운 놀이를 통해 많은 것을 경험하고 배울 수 있었답니다.

가족과 저녁 시간에 우리 친구들과 시장이나 마트에서 해물이나 생선을 한번 살펴보고 저녁 반찬으로 먹어보면 어떨까요?^^ 어린이집 놀이와 연계되어, 우리 친구들이 더 즐거워할 듯합니다. 하루하루 예쁘고 멋지게 성장하는 우리 친구들을 응원합니다!

오늘도 우리 사랑둥이들과 행복한 저녁 되시기를 바랍니다. 감사합니다.

16. 사례16. 가정학습기간 후 재등원 전 예시

안녕하세요! 00반 교사 000입니다.

우리 00이와 친구들, 가정학습 기간 동안 즐겁게 지내고 온 듯 해요. 친구들과 놀이 하다가 문득문득 표현하는 걸 들어보면 재미있게 놀고 왔구나 싶더라고요^^ 우리 00이는 뭐 하고 지냈어? 하고 물어보니, 바다에도 다녀오고, 마트에도 다녀왔다고 합니다! 00이의 이야기를 듣고, 친구들도 재미있는 이야기를 많이 들려주었어요. 하하하 웃으며 즐거운 이야기를 나누어 볼 수 있었어요.

어머님,^^ 우리 00이가 가정학습 기간이 지나고 재 등원을 하면서 울먹이고, 속상해하는 모습을 보여서 많이 염려도 되시고 걱정되실 것 같아요. 아무래도 가족과 함께 지내는 시간이 길어지면서 어린이집에 들어서는 순간 떨어지는 마음이 불안했었을 것 같아요. 마냥 어린 것 같지만, 우리 00처럼 인지발달이 잘 이루어진 친구들은 앞의 상황을 미리 예측하고 준비하거나 걱정하는 등의 반응이 친구들보다 빠르게 보이기도 하거든요. 아마 우리 00이도 그런 마음에 엄마 앞에서 눈물을 보였던 것 같아요. 그래도 원에 들어와서는 평소와 같이, 이전처럼 잘 지내고 있답니다.

헤어지는 인사를 나누는 시간 동안 불안했던 마음을 선생님이 잘 읽어주고, 기다려 주며 격려하였더니, 밝게 웃으며 좋아하는 곰인형을 가지고 놀이하기 시작하네요^^ 마음을 표현하는 것은 아주 당연하고 자연스러운 일이기 때문에 00이의 마음을 그 자체로 존중해 주고 그 마음을 전하는 데 노력하고 있어요. 어머님께서도, 지금처럼 우리 00이를 믿고 기다려 주시면(걱정 없다는 듯 편안한 표정으로 인사 나누어 주시면) 우리 00이 금세 이전처럼 또 씩씩하고 밝은 모습으로 등원하고 친구들과 잘 지낼 수 있을 거예요. 오히려 집에 가는 게 아쉽다고 표현할 00이의 모습을 보실 수도 있을 거예요^^

저 역시 우리 00이와 친구들이 하루하루가 기다려지는 어린이집 생활이 될 수 있도록 즐겁고 재미있는 일이 가득한 00반 교실, 00반이 될 수 있게 준비하고 또 살펴보겠습니다. 언제나 편안하게 00반 친구들의 일과를 응원해 주시는 어머님, 감사합니다^^ 오늘도 즐겁게 지내고 하원하겠습니다.

이번 주~ 다음 주 초까지 00이의 컨디션 등을 좀 더 세심히 살펴보고 또 말씀드리도록 할게요.

※ "내일은 씩씩하게 가자"라고 이야기하는 건 오히려 스트레스를 가중하고 부담될 수 있어요, "오늘 00이가 등원하는 모습이 더 멋져 보였어!"라고 이야기 해주세요.

※ "오늘 뭐 했어? 재미있었어?" 하는 질문은 당분간은 00이에게 불필요한 걱정을 가져다줄 수 있으니, 00이가 먼저 이야기할 때에 충분히 대화 나누어 주세요!

그럼, 00이와 행복한 저녁 되세요^^

17. 사례17. 학기 중간에 퇴소하는 경우 인사 예시

안녕하세요! 00반 교사 000입니다.

매일 나누던 인사도, 알림장도 오늘이 마지막이라고 생각하니 정말 아쉽고 서운한 마음이 들어요.

우리 00이가 아기 때부터 다녔던 우리 어린이집을 떠나게 되어 더 그 마음이 큰 것 같습니다.

저 뿐만 아니라 원장님과 선생님들 모두 헤어짐을 아쉬워하고 00이를 볼 때마다 한 번 더 안아주시고, 인사 나누어 주시며 보내고 있었답니다.

우리 해맑은 00이도 선생님의 마음을 아는지, 폭~ 안겨서 손으로 토닥토닥 해주는데, 어찌나 뭉클하던지요. 우리는 헤어지지만 새로운 기관에서 또 다른 만남이 있음을 알고 응원해 주고, 행복을 바라는 마음을 전해주었어요.

우리 00이고 고개를 끄덕이고, 멋지게 대답해 주네요! 친구들이 한 번씩 다가와 안아주고 인사를 해 주었더니, 밝게 웃으며 00이의 트레이드 마크인 윙크를 날려줍니다^^ 아직은 어려, 헤어짐을 실감하기는 어렵겠지만, 우리 00이가 조금은 이해하는 듯 해요.

00이가 잘 이해하고 받아들이는 모습이 고맙고 대견할 뿐입니다. 그동안 잘 지내준 00이가 참 예쁘고 기특하고요. 함께 지내는 동안 선생님과 친구들의 마음이 온전히 00이에게 전해졌기를 바랍니다.

- 어머님, 아버님

우리 00이의 첫 기관으로 우리 어린이집을 선택하신 그 믿음이 감사합니다. 보내시는 동안 아쉬운 점도 있으셨을 텐데, 언제나 교사의 입장을 먼저 헤아려 주시고, 기관의 상황을 이해해 주시는 마음으로 더 보육에 집중할 수 있었고, 더 많이 00이의 마음을 알고 교감할 수 있었습니다. 그리고 수없이 터지는 영유아 교육 기관 관련 사건 사고에도 흔들림 없이 우리 원을 믿어 주시고, 한결같은 마음을 전해주셔서 감사합니다.

그 마음과 믿음이 우리 00어린이집을 더 탄탄히 하는데 큰 밑거름이 되었습니다. 세상 누구보다 00이에게 많은 것을 가르쳐 주실 부모님, 00이를 비롯해 항상 좋은 곳에서 좋은 사람들과 함께 하기를 소망합니다. 그리고 언제나 우리 00이의 가족의 행복과 건강을 진심으로 바랍니다. 그동안 정말 감사했습니다!

혹시라도 우리 00어린이집 근처에 오시게 된다면, 꼭 들러주세요. 우리 00 어린이집 친구들 모두 그리고 원장님과 선생님 모두 두 팔 벌려 반갑게 맞이할께요!

- 00이에게

00반 친구들과 선생님에게 행복한 웃음을 선물해 주었던 존재 자체만으로도 빛이 나는 우리 00아, 정말 정말 아끼고 사랑하는 마음이 꼭 전해지길 바래.

항상 너를 응원하고 있는 우리를 기억해주렴! 새로운 곳에서도 우리 00이의 매력과 에너지를 마음껏 발산하며 즐겁고 행복하게 잘 지내! 사랑해 00아! (이 말은 꼭 우리 00이에게 읽어 주세요! ^^ 직접 들려주기도 했지만, 새로운 기관에 등원하는 날 어머님 말씀으로 한 번 더 전해주시면 우리 00이가 더 힘내서 잘 적응하고 지낼 수 있을 것 같아요)

18. 사례18. 체리 농장 소풍 예시

안녕하세요! 00반 교사 000입니다.

오늘은 즐거운 소풍날! 00반 친구들이 가장 설레고 좋아하는 날이랍니다. 우리 00반 친구들과 오늘은 체리 농장에 다녀왔어요^^ 친구들과 버스를 타기 전 안전에 대해 약속을 해보았어요.

선생님 손을 잡고 차에 탄 후, 안전벨트도 착착! 바르게 앉아서 이동하는 우리 00반 친구들이었습니다 :) 버스를 타고 가며 여름 풍경을 감상하며 즐겁게 동요를 불러보았어요!

체리 농장에 도착한 우리 00반 친구들은 농장 선생님과 만나 인사를 나누어 보았습니다. 우리 친구들의 씩씩한 모습에 선생님이 깜짝! 놀라실 정도였어요. 대답도 잘하고, 멋지게 앉아서 끝까지 집중한 우리 친구들 정말 대단해요^^

체리는 우리 몸에 어떤 도움을 주는지, 어떻게 자라는지, 다양한 체리의 종류에 대해서도 알아보고 체리를 따는 방법도 살펴보았습니다. 작은 손으로 조심스럽게 체리를 하나씩 따 보았어요. 새콤달콤한 냄새가 가득한 체리 농장이 조용~ 해 졌답니다^^

입으로 하나! 컵으로 하나!

맛있게 체리도 먹으며 체험을 잘 마무리할 수 있었어요. 돌아오는 길에는 선생님이 해주셨던 이야기를 기억하며 우리 몸에 어떤 도움을 줄까? 하고 이야기를 나누어 보았어요. 00반 친구들이 "집에 가서 엄마랑 먹어야지~" 하며 기분 좋게 웃음을 보이는 모습에 저절로 미소가 지어집니다.

오늘 저녁은 우리 친구들의 체리 농장 체험 이야기로 가족 모두가 행복한 시간이 되실 것 같아요. 달콤한 과일 디저트와 함께 즐거운 저녁 보내시길 바랍니다.

감사합니다! ^^

19. 사례19. 알림장 전달 횟수 축소 안내 예시

새 학기를 보내고 한 달, 또 한주 시간을 함께 보내며 서로 공감하고 소통하며 더 많이 친근해진 것 같습니다^^

매일 등원하는 우리 친구들의 발걸음이 가벼워진 것 같아, 아이들을 기다리는 아침이 참 행복합니다.

우리 친구들과 신나는 여름맞이를 준비하고 있는 요즘, 하루하루 즐거운 웃음소리로 가득한 00반이지요.

다름이 아니라, 0000년 새 학기 오리엔테이션에서 안내해 드렸던 바와 같이 6월부터 적용될 키즈노트 전달건에 대해 공지해 드리려고 합니다.

혹 시간이 지나 잊으셨을 수 있을 것 같아 안내해 드리니, 참고해 주시기 바랍니다.

0000년 6월부터는 보육 활동에 더욱 집중하고, 효율적인 교직원 업무 수행을 위하여 키즈노트(알림장) 전달이 주 3회 이루어지게 됩니다.

우리 00반의 경우, 매주 월요일과 금요일을 고정으로 발송되며 화~ 목요일 경우 어린이집 일과 및 전달 사항 등에 따라 조정될 수 있음을 함께 전달해 드립니다.

교직원 업무 중 가장 중요한 보육에 우선순위를 두고, 아이들과 함께하는 시간에 더 집중하여 안전과 건강 관리, 놀이 지원 및 상호작용 등 발달에 도움이 될 수 있도록 위하여 마련한 내용이니, 학부모님께서도 이점 양해해 주시고 적극 협조해 주시기를 바랍니다.

1. 학부모님께서 어린이집 생활에 궁금한 점이 있으시거나, 요청 사항이 있으신 경우에는 알림장 및 댓글 등으로 작성해 주시거나 전화 상담 등을 요청해 주시면 연락드리겠습니다!

2. 어린이집 활동사진은 매주 0요일에 취합하여 보내드리겠습니다. 우리 친구들이 놀이나 활동을 집중하고 있는 동안 촬영을 하며, 오히려 사진 촬영으로 인해 안전 관리에 미흡함이 발생하거나, 놀이에 대한 몰입의 시간이 흐트러질 수 있어 최소한으로 진행될 수 있습니다.

3. 결석 및 기타 건강상 특이 사항 등이 있으면, 오전 등원 전에 키즈노트 전달해 주세요. 상황에 적절하게 대처하여 우리 00반 친구들이 건강하고 안전하게 지낼 수 있도록 지도하겠습니다.

언제나 00어린이집의 운영에 긍정적으로 이해해 주시는 학부모님 감사합니다. 기타 문의 사항은 언제든지 말씀해 주세요^^ 다가오는 6월도 더욱 신나고 즐거운 시간으로 가득 채워나가겠습니다.

감사합니다^^

20. 사례20. 컬러데이 키즈노트 예시

안녕하세요! OO반 교사 OOO입니다.

오늘은 그린데이! 우리 친구들이 좋아하는 컬러데이랍니다^^ 매월 새로운 색을 다양한 놀잇감과 소품을 통해 경험하고 놀이해 보는 시간이랍니다.

이번 달의 주제는 초록! 입니다. 봄 날씨와 더없이 어울리는 색이지요! 초록색은 편안한 휴식과 안정감을 느낄 수 있게 해주는 색이기도 합니다^^ 우리 친구들의 마음이 오늘 활동으로 인해 더 평온해졌기를 바랍니다. 그린데이를 시작하기 전, 초록색에 관해 이야기를 나누어 보았어요.

싱그러운 나뭇잎의 색, 그리고 우리 친구들이 좋아하는 동물 등, 친근한 색이라서인지, 우리 친구들의 반응도 최고! 즐겁게 대화를 나누며 놀이를 시작해 볼 수 있었어요. 신나는 동요와 함께 초록색의 다양한 놀잇감을 탐색해 보았어요. 우리 친구들과 주변에서 볼 수 있는 초록색을 접해 보며 여러 가지 놀이를 통해 다양하게 배워 볼 수 있었답니다! 폴짝폴짝 초록 개구리를 따라 점프를 해보았어요!

평소 좋아하는 동요를 들려주며 높이 뛰기, 낮게 뛰기, 엉금엉금 기어가기 등 다양한 신체 동작으로 표현할 수 있었습니다.

놀이하며 선생님이 하는 우스운 동작에 까르르 웃는 우리 친구들! 즐겁고 신나게 놀이해 보았습니다. (안전에 유의하여 진행해 보았습니다!)

초록색 바람개비를 후~ 하고 불어 보며 바람개비 날개를 관찰하기도 하고 누가 더 세게 부나 시합하기도 하고, 친구가 놀이하는 모습을 관찰하기도 하고 바람개비 날개가 어떻게 돌아가나 흉내를 내보기도 했지요^^ 초록 풍선이 가득한 놀이 공간에서 자유롭게 놀이하며 즐겁게 지낼 수 있었습니다. 특히 압축팩에 넣어 둔 초록 풍선을 탐색하는 놀이는 인기도 최고였어요!

평소 놀이하던 풍선 놀이와는 다른 방법에 신기해하며, 만지작만지작 하는 우리 OO반 친구들 웃음꽃으로 놀이 시간을 가득 채울 수 있었습니다 ^^

오늘 놀이를 통해 색에 대해 더 잘 이해할 수 있었던 것 같아요. 놀이하며 초록색을 띤 물건을 발견하며 기뻐하기도 합니다^^ 오늘 하원 후 집에서도 우리 아이들의 마음처럼 맑고 따뜻한 초록색을 찾아보면 어떨까요? 항상 즐거운 우리 친구들의 놀이와 활동에 관심과 애정 보내주시는 부모님 감사합니다!

우리 친구들과 즐거운 저녁 되시길 바랍니다. ^^

그 밖에 새로운 사례를 원하는 경우, 출간 이벤트 내용을 참고해 요청해 주세요!

memo

memo

memo

조은쌤과 함께하는 알림장 쉽게 쓰기 어린이집 & 유치원

발행일 2023년 4월 30일
2023년 5월 30일(2쇄)
2023년 10월 23일(3쇄)

편저자 조은쌤 박조은

발행인 조순자 | **편집** 김현수

판매처 인성재단(지식오름)

ISBN 979-11-92903-52-1

정가 22,000원